Ursula Schindler
Telefon 09471 8651

Barbara Rütting Vegan & Vollwertig

Barbara Rütting

Vegan & vollwertig

*Meine Lieblingsmenüs
für Frühling, Sommer,
Herbst und Winter*

Mit 149 Fotos

nymphenburger

Bildnachweis
Augenschein, Foto & Design, Angelika Murer: S. 11, S. 16, S. 17
(Mitte und rechts), S. 19, S. 20, S. 21 (oben und Mitte), S. 22 (links),
S. 25, S. 27, S. 28, S. 29, S. 31, S. 33, S. 41, S. 45 (oben), S. 47, S. 48,
S. 50 (Mitte und rechts), S. 51, S. 59, S. 65, S. 66, S. 67, S. 68, S. 71,
S. 73, S. 74 (links), S. 77, S. 78, S. 79, S. 81, S. 86, S. 87, S. 91, S. 94,
S. 95, S. 97, S. 101, S. 103, S. 107, S. 111, S. 113, S. 115, S. 116,
S. 117, S. 119, S. 126, S. 127 (links und rechts), S. 129, S. 132 (links),
S. 135, S. 136, S. 137, S. 141, S. 142, S. 143, S. 144, S. 145, S. 147,
S. 155
Diana Deniz: S. 159
Manuela Liebler: S. 1, S. 2, S. 60, S. 75, S. 84, S. 85, S. 124
Photoalto: S. 43
Shutterstock: S. 5, S. 13, S. 14, S. 15, S. 17 (links), S. 21 (unten),
S. 22 (rechts), S. 32, S. 34, S. 37, S. 39, S. 44, S. 45 (unten), S. 50
(links), S. 52/53, S. 55, S. 57, S. 61, S. 62, S. 69, S. 72, S. 74 (rechts),
S. 83, S. 88, S. 93, S. 102, S. 104, S. 108, S. 114, S. 120, S. 121,
S. 122, S. 123, S. 127 (Mitte), S. 130, S. 132 (rechts), S. 139, S. 151,
S. 153, S. 156, S. 157, S. 158

1. Auflage September 2013
2. Auflage Oktober 2013
3. Auflage Oktober 2013

© 2013 nymphenburger in der F.A. Herbig Verlagsbuchhandlung
GmbH, München. Alle Rechte vorbehalten.
Umschlagmotiv oben: Augenschein, Foto & Design,
Angelika Murer; unten: fotolia
Food cooking: Markus Grein
Umschlag- und Innengestaltung: Wolfgang Heinzel
Satz: EDV-Fotosatz Huber/Verlagsservice G. Pfeifer, Germering
Gesetzt aus: Perpetua 12pt/13,5pt
Druck und Binden: Polygraf Print spol s.r.o.
Printed in the EU
ISBN 978-3-485-01430-4
Auch als

www.nymphenburger-verlag.de

Inhalt

Vorwort 6 · Vegan – gibt's da ein Problem? 8
Ausprobiert und für gut befunden 10 · Grundrezepte 13
Wichtige Adressen und weiterführende Literatur 160 · Rezeptverzeichnis 160
Die Autorin 161

Frühlingsmenüs 16

*Frühling lässt sein blaues Band
Wieder flattern durch die Lüfte;
Süße, wohlbekannte Düfte
Streifen ahnungsvoll das Land.*

Sommermenüs 50

*Trarira, der Sommer,
der ist da!
So kurz und bündig begrüßen
die Kinder des Jahres
schönste Monate.*

Herbstmenüs 86

*Bunt sind schon die Wälder,
Gelb die Stoppelfelder
Und der Herbst beginnt.
Bunte Blätter fallen,
Graue Nebel wallen,
Kühler wehet der Wind.*

Wintermenüs 126

*Leise rieselt der Schnee.
Still und starr liegt der See.
Weihnachtlich glänzet der Wald …*

Vorwort

Das war einmal ... da erkannte ich sie schon von Weitem: magere, freudlose Gestalten, krummer Rücken, schütteres Haar, hohlwangig, Haut wie Pergamentpapier – VeganerInnen! – und machte einen großen Bogen um sie, in der Hoffnung, sie mögen ja nicht in meinen Vortrag kommen und durch ihr Auftreten die vegetarische Vollwertkost in Misskredit bringen. So wie die wollte ich nicht aussehen! Vegan kam für mich nicht infrage.
Über vier Jahrzehnte sind vergangen. Heute machen Veganer Furore als Bodybuilder, Marathonläufer oder andere muskelstrotzende Athleten, die Veganerinnen als knackige bildhübsche Models, Sängerinnen und Schauspielerinnen. Was für eine Entwicklung! Die ist natürlich auch an mir nicht spurlos vorübergegangen – wenn ich es auch noch nicht bis zum Model gebracht habe.
Ein Rückblick. 1970 wurde ich Vegetarierin, 1976 erschien mein erstes vegetarisches, nicht unbedingt vollwertiges Kochbuch. Es wurde ein Bestseller, obwohl alle meinten: Keine Fleisch-, keine Fischrezepte – wer soll denn so ein Kochbuch kaufen? Was kann man denn dann überhaupt noch essen?
Ich war auf einen Bauernhof gezogen und konnte mir die Tiere, die ich hautnah kennenlernte, nicht mehr gesotten und gebraten auf dem Teller vorstellen: mein Zwerghuhnpärchen Herrn und Frau Nebbich am Spieß, Nachbar Gustls Lämmchen als Osterbraten – unmöglich!
Hinzu kam, dass ich bereits mit dreißig Jahren die ersten Zeichen einer von meiner Mutter geerbten Rheumaerkrankung spürte und instinktiv fühlte, dass ich meine Ernährung auf vegetarisch umstellen musste. Und das tat ich und aß fortan nichts mehr vom toten Tier – wohl aber noch vom lebenden, also Milchprodukte wie Butter, Sahne, Käse und Eier, und fand das auch ganz in Ordnung.

In meinem ersten vegetarischen Kochbuch gab es zum Beispiel eine Nusstorte aus Nüssen, Honig und sechs (!) Eiern. Allein bei der Vorstellung sträuben sich mir die Haare.
Heute sind meine Desserts überwiegend leicht und fluffig, wie ein abschließendes Amuse-Gueule sozusagen, nach dessen Genuss man sich nicht belastet, sondern erfrischt fühlt.
Ein weiterer Meilenstein meines Lebens war die Ausbildung zur Gesundheitsberaterin bei Dr. Max Otto Bruker, dem großartigen Pionier und Wegbereiter der vegetarischen Vollwertkost. Ihm habe ich es hauptsächlich zu verdanken, dass es mir heute so gut geht. Er empfahl eine tägliche große Portion Frisch-, sprich Rohkost als Heilkost und, gerade für mich als potenzielle Rheumapatientin, eine möglichst tiereiweißfreie Ernährung. Ich bin überzeugt, er würde die heutige Entwicklung in Richtung veganer Ernährung durchaus gutheißen, denn auch Butter und Sahne sind Teilprodukte, nämlich Teilprodukte der Milch, und Vollwertköstlern geht's schließlich immer »ums Ganze«.
Nach vierzig Jahren dann die nächste große Wende. Das sicher allen bekannte Grummeln im Bauch signalisierte, ein weiterer Schritt ist angesagt: Du musst alle tierlichen – ja, so heißt es jetzt: tierlichen, nicht länger tierischen – Produkte weglassen, also auch alles vom lebenden Tier.
Obwohl ich immer davon abrate, bin ich radikal, ließ alles vom Tier von einem Tag auf den anderen weg – und wunderte mich über meine zunehmend schlechte Laune. Das waren ja regelrechte Entzugserscheinungen! Des Rätsels Lösung: Butter, Sahne und Käse enthalten Tryptophan, die Vorstufe des Glückshormons Serotonin, und das fehlte mir plötzlich!
Ich schaltete einen Gang zurück und genehmigte mir

»wenigstens sonntags« etwas Butter auf der Dinkelwaffel und ein paar Krümel Käse auf dem Gratin.
Allen, die sich auf eine rein vegane Kost umstellen wollen, empfehle ich aus eigener Erfahrung, in kleinen Schritten vorzugehen, sonst sind die Rückfälle vorprogrammiert – und vor allem pflanzliche Lebensmittel zu bevorzugen, die das begehrte Tryptophan enthalten, als da sind Vollkornprodukte, Hülsenfrüchte, Nüsse, alle möglichen Samen, besonders als Sprossen oder Keimlinge, alles Grünzeug (besonders in roher Form), Bananen und natürlich – Schokolade, diese selbstredend aus fairem Handel und ohne Zucker. Industriezucker habe ich übrigens bereits vor vierzig Jahren aus meiner Küche verbannt, und zwar jede Form, also auch Vollrohrzucker, Ahornsirup, Agavendicksaft – alles Industrieprodukte. (Mehr dazu finden Sie in den Kapiteln »Vegan – gibt's da ein Problem?« und »Ausprobiert und für gut befunden«.)

Nicht nur gesundheitliche Aspekte spielen eine Rolle, warum sich immer mehr besonders junge Menschen einer veganen Ernährung zuwenden. Die meisten von ihnen können und wollen es nicht länger ertragen, durch den Verzehr von Tierlichem am Elend der Tiere mitschuldig zu sein. Denn auch den Bio-Kuhmüttern werden die Kälbchen entrissen, auch männliche Bio-Küken werden vergast oder geschreddert – im Schlachthof ist Schluss mit bio. Und an der katastrophalen Klimaveränderung hat, wie immer mehr erkannt wird, die Massentierhaltung einen Hauptanteil. Für viele gilt deshalb: Hauptsache vegan, egal wie gesund oder ungesund es ist.
Tierliches wegzulassen genügt aber nicht! Vegan ist nicht automatisch auch vollwertig. Und es darf bei der veganen Ernährung nicht darum gehen, Fleisch oder Wurst oder Fisch durch etwas Minderwertiges zu ersetzen, sondern darum, eine gleichwertige oder noch bessere gesunde Alternative zu finden.
Die vegane Kost muss abwechslungsreich und sorgfältig zusammengestellt werden, sonst können tatsächlich Mangelerscheinungen auftreten, was allerdings genauso bei Mischköstlern oder Vegetariern vorkommt. Deshalb empfehlen Ärzte, regelmäßig den Vitamin-B12-Spiegel und Eisen untersuchen zu lassen und gegebenenfalls beides zu ergänzen (mit Tabletten, Spritzen oder Infusionen). Das gefällt mir natürlich überhaupt nicht. Trotzdem bin ich dazu bereit, auch in Anbetracht der vielen gesundheitlichen Vorteile, die eine rein vegane Ernährung mit sich bringt. Als Gegenleistung habe ich nämlich eine Chance – eine Chance! –, nicht an Bluthochdruck, Herzinfarkt, Angina pectoris, Schlaganfällen, Osteoporose, Arteriosklerose, Diabetes, Krebs und weiteren Erkrankungen leiden und sterben zu müssen. All dies sind Erkrankungen, für die viele moderne Ärzte und Wissenschaftler Teile vom Tier verantwortlich machen, was auch die China-Studie beweist. Schließlich wollen wir ja einmal möglichst »fit in die Kiste« (der Titel ist leider nicht von mir).
Sie ahnen schon, es ist nicht ganz einfach mit der veganen Ernährung, wenn sie eben auch vollwertig sein soll. Fantasie und Kreativität sind gefragt.
Ob Sie sanft oder radikal vorgehen, bestimmen Sie selbst. Jeder noch so kleine Schritt kann ein Beitrag sein, um das entsetzliche weltweite Tierleid zu beenden.
Ruediger Dahlke nennt das vegane Essen »Peace Food« – und schreibt in seinem gleichnamigen Buch: »Peace Food ist ein großer Schritt hin zu einer besseren Welt – es kann den Körper und die Seele nähren und der Erde guttun, denn beim Essen geht es schon längst nicht mehr nur um uns, sondern ums Ganze.«

Vegan – gibt's da ein Problem?

Da Sie dieses Buch in die Hand genommen haben, sind Sie vermutlich bereits vertraut mit der Zubereitung vegetarischer Gerichte. Ich gebe hier keine Basisinformationen, sondern stelle eine Auswahl meiner Lieblingsgerichte vor, die ich auf vegan umfunktioniert oder neu kreiert habe. Denn immer wieder vernehme ich Stoßseufzer selbst erfahrener Köchinnen und Köche: Wie stelle ich denn nun schnell mal ein Menü zusammen?

Wenn wir uns nach den vier Jahreszeiten richten, also die Grundnahrungsmittel möglichst regional und saisonal einkaufen, müssen die aus Bio-Anbau nicht einmal teurer sein. Unser ökologisches Gewissen ist zufrieden, gesünder sind sie – und besser schmecken tun sie auch. Erdbeeren und Spargel gibt es also nicht zu Weihnachten, sondern dann, wenn beide Köstlichkeiten bei uns wachsen.

Allerdings habe ich mir die Umstellung leichter vorgestellt. Was gibt es doch heute alles in Hülle und Fülle – vegane Milch und Sahne, vegane Süßungsmittel, alle möglichen Sorten veganen Käse, veganes Geschnetzeltes, Steaks und Weizenfleisch, veganes Gyros, vegane Würstchen – also wo ist das Problem? Wenn Sie mal das Kleingedruckte lesen, staunen Sie, was da so drin ist: in der käuflichen Hafersahne Emulgatoren, Stabilisatoren, Rapslezithin …, im veganen Käse Pflanzenöl – immerhin ungehärtet – modifizierte Stärke (?), emulgierendes Salz (?), vegane Aromen (?), Konservierungsstoff, Sorbinsäure, Farbstoff Beta-Carotin, Trennmittel, Kartoffelstärke …

Das Problem ist nun, dass ich Gesundheitsberaterin bin, wie gesagt bei Dr. Max Otto Bruker ausgebildet, und dass unsere Devise lautet: Lasst unsere Nahrung so natürlich wie möglich. All die schönen Milchersatzprodukte und Ersatzsahnen stehen im Regal bei der H-Milch – wie Dr. Bruker gern sagte: eine Leiche, die man noch einmal erschossen hat.

Also alles nichts für vegane Vollwertköstler.

Auch Honig fällt für Veganer weg – wir wollen den Bienen ja nicht die Früchte ihrer Arbeit rauben und sie mit krankmachendem Zuckerwasser abfüttern, wie das gang und gäbe ist. Nun gibt es aber verantwortungsvolle Imker, die für uns Menschen nur nehmen, was die Bienen übrig lassen. Dieser Honig ist doppelt so teuer und das ist gut so, denn es führt dazu, dass man ihn wirklich sparsam verwendet, also sozusagen nur in Fingerhutmengen als Gewürz.

Also doch ein kleines bisschen Honig? Sie entscheiden selbst.

Wir haben uns in unserer sogenannten Zivilisationsgesellschaft sowieso einen absurd hohen Süßigkeitspegel angewöhnt. Doch was man sich angewöhnt hat, kann man sich auch wieder abgewöhnen.

Und was ist mit Stevia, mit Xylit, Sukrin?

Sie erinnern sich: Nachdem sie lange auf Betreiben der Zuckerindustrie auf der Abschussliste stand, ist nun auch die uralte, in vielen Ländern beliebte Steviapflanze bei uns als Süßungsmittel (dreihundertmal süßer als Industriezucker) zugelassen worden. Die Zähigkeit der Verbraucher, die Stevia wollten, hat sich gelohnt. Bei Stevia scheiden sich die Geister. Die einen geraten ins Schwärmen, die anderen rümpfen die Nase. Vom ökologischen Standpunkt aus gesehen, ist Stevia optimal. Man kann die Pflanze selbst ziehen, die Blätter trocknen und zu Pulver rebbeln, also vollwertig und unverfälscht wie eine getrocknete Frucht

anwenden. Im Handel jedoch kommt Stevia in kleinen Plastikfläschchen daher, als grünes Pulver oder – als weißes! Auf welche Weise die grünen Blätter weiß geworden sind, sagt die Inhaltsangabe nicht.
Andere wiederum schwören auf das ebenfalls waaahnsinnig süße Pulver Xylit, putzen sich mit diesem »Birkenzucker – ein Finnlandprodukt aus 100 % europäischen Laubhölzern« meldet die Werbung lapidar – sogar die Zähne. Ob ich damit auch meinem Hund die Zähne putzen darf, habe ich hoffnungsvoll gefragt – mir wurde abgeraten. Nanu?
Der neueste Knüller ist Sukrin. Es wird »aus natürlichen Rohstoffen wie Getreide, Mais, Zuckerrohr oder Zuckerrüben hergestellt. Durch einen Fermentationsprozess in Behältern, wie in einem Brauhaus, wird, ähnlich dem Reifen von Obst oder Käse, die Struktur verändert«, lese ich.
Na ja.
Glücklicherweise war und bin ich keine »Süße«, sondern eher eine »Scharfe«, »Salzige«, Chilis, Ingwer, Knoblauch sind »mein Ding«.
Fazit: Ich süße mit süßen Früchten, Rosinen, Datteln, Bananen.

Und was ist mit der Sahne?

Viele, die früher Kuh-Schlagsahne liebten, mögen nach der Umstellung auf vegan den Geschmack gar nicht mehr. Auch mir mundet eine Sahne aus Cashewnüssen inzwischen viel besser.
(Dazu mehr im Kapitel »Ausprobiert und für gut befunden«.)

So, liebe Freunde, und nun vergesst mal (vorübergehend) alles, was wir Ernährungsleute so von uns geben. Hört auf, euch auf die Waage zu stellen und Kalorien zu zählen. Sensibilisiert euren Körper, horcht in ihn hinein, esst das, was ihr esst, mit Liebe und Dankbarkeit, gönnt euch Ruhe beim Essen und genießt es!
Essen muss köstlich schmecken, hinreißend aussehen und gesund sein!
Als ich einmal abends überhaupt nicht einschlafen konnte, habe ich mir nachts um halb zwei Bratkartoffeln gebrutzelt und ein Bier dazu getrunken. Danach schlief ich traumhaft, allen Ernährungsempfehlungen zum Trotz. So viel zu der immer wieder diskutierten Frage, wer was zu welcher Tageszeit essen soll und warum – oder warum nicht.

Ausprobiert und für gut befunden

In Zeiten wie diesen, in denen alle mit allen per Internet, Facebook, Twitter und Co. kommunizieren, tauschen besonders auch Veganer bereitwillig ihre Rezepte aus, Rezepte, die früher streng geheim gehalten worden wären. Alle Rezepte gehören allen – und das ist auch gut so. Allenfalls wird gewetteifert, wer denn nun das beste Rezept für veganen Braten oder die »super-leckere« (!) Kruste beim Auflauf vorweisen kann. Weitergabe ist nicht nur nicht untersagt, sondern ausdrücklich erwünscht.
Sharing ist angesagt – nicht nur in der Küche!

Die Erklärungen vielleicht noch unbekannter Zutaten finden Sie hier, die in den Rezepten mit einem * versehenen Zutaten oder alternativen Produkte weiter unten unter »Was nehme ich nun statt …« und im Kapitel »Grundrezepte«.

Die Getreidegerichte bereite ich natürlich immer aus vollem Korn zu, das ich kurz vorher frisch mahle. Für Crêpes, Baguette etc. siebe ich die Kleie aus, dadurch werden sie zarter. Mit der ausgesiebten Kleie binde ich Soßen, Suppen etc., so kommt man auf alle Fälle in den Genuss des wertvollen Keimlings.

Mengenangaben

Die Rezepte gelten, soweit nicht anders angegeben, für 4 Personen.
TL = Teelöffel
EL = Esslöffel
Tasse = normale Haushaltstasse (ca. 0,2 l oder knapp 0,25 l)
MSP = Messerspitze

Carobpulver

Es kann statt Kakao verwendet werden. Carob wird aus den Schoten des Johannisbrotbaumes gewonnen, ist von Natur aus süß und ohne die anregenden Stoffe des Kakaos.

Galgant

Man verwendet die pulverisierte Wurzel der Galgantpflanze als Gewürz (pfeffriger Geschmack) für Salate, Gemüse etc. Nach Hildegard von Bingen wirkt Galgant herzstärkend.

Vanillerum

Vanillerum verwende ich gern für die Nachspeisen. Und so wird's gemacht:
1 bis 2 Stangen Vanille klein schneiden, mit 1 TL Naturvanille in 100 bis 150 ml Rum geben, gut durchschütteln und 10 Tage stehen lassen.
Sehr ergiebig, man kann immer wieder Rum nachfüllen.

Streuwürze

Streuwürze ist meine bevorzugte Würze. Sie besteht zu 30 % aus Gemüse- und Kräuteranteil mit naturbelassenem Steinsalz, rein pflanzlich. Ideal auch als Gemüsebrühe.

Was nehme ich nun …
… statt Kuhmilch und Kuhsahne?

Selbst zubereitete Hafermilch kann leicht zu »Pampe« werden, wenn sie erhitzt wird. Ich bevorzuge selbst zubereitete Cashewmilch und Cashewsahne. Cashewkerne müssen nicht eingeweicht werden, die Zubereitung geht schnell, sie schmecken gut und enthalten viel glücklich machendes Tryptophan.
Und so wird's gemacht:
Die gleiche Menge Cashewkerne und Wasser fein gemixt ergibt eine sahneähnliche Konsistenz. So fest wie Schlagsahne aus Kuhmilch wird sie allerdings nicht.
Für eine Cashewmilch nimmt man entsprechend mehr Wasser.

… statt Eiern?

Ein oder zwei Eier im Rezept kann man problemlos weglassen, muss dann aber entsprechend mehr Wasser hinzufügen. Ich komme am besten klar mit kohlensäurehaltigem Mineralwasser.

Der VEBU (Vegetarierbund Deutschland e.V., siehe Anhang) gibt unter anderem folgende Empfehlungen:

Reife Banane
Sie eignet sich gut für Kuchen. Die Banane zerdrücken und in den Teig einrühren. Sie schmeckt im Gebäck leicht vor.
Eine halbe Banane entspricht einem Ei.

Stärkemehl/Sojamehl
Es wird mit Wasser angerührt und eignet sich für Kuchen und Gebäck.
Ein Esslöffel Mehl entspricht einem Ei.

Apfelmus
Apfelmus eignet sich sehr gut für Muffins und feuchte Teige. Der Apfelgeschmack geht beim Backen fast vollständig verloren.
Drei Esslöffel Apfelmus entsprechen einem Ei.

Leinsamen
Leinsamen eignen sich besonders für Vollkorngebäck. Zwei Esslöffel geschroteter Leinsamen mit drei Esslöffeln Wasser vermengt entsprechen einem Ei.

… statt Käse zum Überbacken?

Einen Flockenmix aus geflockten oder fein gemahlenen Sonnenblumenkernen und Hefeflocken zu gleichen Teilen.

… zum Binden von Soßen, Suppen etc.?

Johannisbrotkernmehl oder Pfeilwurzmehl
Beides kann in kalter Flüssigkeit angerührt werden.

Agar-Agar
Agar-Agar ist ideal für Puddinge, Torten, Gelees, Marmeladen, Gemüsesülzen etc.
Agar-Agar ist ein aus der Meeresalge Agar-Agar hergestelltes Pulver, das bis zu 50 Teile seines Gewichtes an Flüssigkeit aufnehmen kann. Das Pulver wird darin verrührt, zum Beispiel in Saft, und kurz aufgekocht, nach wenigen Minuten Kochzeit beginnt der Geliervorgang. Agar-Agar benötigt keinen Zucker, um zu gelieren. Bei besonders sauren Früchten verliert es allerdings seine Gelierwirkung.
Ca. 8 Gramm Agar-Agar in ½ Liter Flüssigkeit ergeben beim Erkalten ein steifes Gelee. Wollen Sie nur eine sämige Soße, nehmen Sie entsprechend weniger. Gebrauchsanweisung liegt der Packung bei.

… zum Süßen?

Süße Früchte, Rosinen, Trockenfrüchte, Bananen, Datteln.

… für Öle und Fette?

»Grundsätzlich gilt, dass alle Fette, die bei Raumtemperatur flüssig sind, nicht erhitzt werden sollten. Feste Fette, z. B. aus biologischem Anbau stammendes Kokos- oder Palmfett, sind gefahrlos zu erhitzen. Kokosfett enthält für den Stoffwechsel günstigen kurz- und mittelkettige Fettsäuren, die antimikrobielle Wirkungen zeigen. Mit Kokosfett ist es den Fettzellen zudem möglich, Fett zu verbrennen.«
(Aus dem Buch »Gesund statt chronisch krank« von Dr. med. Joachim Mutter, siehe Anhang)

Bei Kräutern wie bei Gewürzen habe ich in den Rezepten überwiegend bewusst auf Mengenangaben verzichtet. Die Geschmäcker sind so verschieden! Ebenso bei Salatsoßen. Ich bevorzuge Olivenöl und liebe meinen Salat öltriefend, einem anderen wird bei der bloßen Vorstellung schon übel.
Ein Vorschlag: In Härtefällen Salat und Soße getrennt auf den Tisch stellen, ebenso die Kräuter … ich denke zum Beispiel an Salbei …

Die alte Faustregel für die Salatsoße gilt noch immer:
Nimm Öl wie ein König,
Essig wie ein Bettler
und Salz wie ein Weiser!

Grundrezepte

Die hier beschriebenen Grundrezepte habe ich in den Rezepten mit einem * versehen. Sie können nach Belieben weiterverarbeitet werden.

Béchamelsoße

2 bis 3 EL Weizen- oder Dinkelvollkornmehl
1 l warme Cashewmilch*
1 Lorbeerblatt
1 EL Streuwürze oder Kräutersalz
1 geriebene Zwiebel
weißer Pfeffer aus der Mühle
1 Prise Muskat
gehackte Petersilie zum Bestreuen

Mehl in der Pfanne ohne Fett kurz rösten, bis es duftet (es muss hell bleiben). Abkühlen lassen (wir vermeiden durch diese Vorgehensweise die leberschädliche Verbindung aus heißem Fett und Mehl, die bei der herkömmlichen Zubereitung von Béchamelsoßen entsteht).
Dann erst die warme **Cashewmilch** unterrühren.
Die übrigen **Zutaten** (bis auf die Petersilie) zugeben und aufkochen.
Mit der **Petersilie** bestreuen.

Auf Basis dieser Béchamelsoße können Sie im Nu aparte Soßen zubereiten, die zu Gemüse-, Hirse-, Mais-, Reis- und Teigwarengerichten passen – nach Hinzufügen der Zutaten nur noch einmal erhitzen, nicht mehr kochen!

Curry-Rosinen-Soße: mit viel Curry abschmecken und Rosinen darin ausquellen lassen.

Dillsoße: 2 Esslöffel oder mehr fein geschnittenes Dillkraut zugeben, mit Zitronensaft oder Weißwein abschmecken.

Kapernsoße: mit ganzen oder gehackten Kapern und Zitronensaft abschmecken.

Mangosoße: eine Handvoll pürierter Mango unterziehen.

Meerrettichsoße: einen geriebenen Apfel, ein Stück geriebenen Meerrettich und etwas Zitronensaft unterrühren.

Senfsoße: ca. 2 Esslöffel Senf unterrühren.

Champignonsoße: rohe oder kurz gebratene, mit Kräutersalz, Muskat, Zitronensaft, Knoblauch und Pfeffer pürierte Champignons unterrühren.

Grünkernbrei

- 250 g Grünkern (grob geschrotet)
- reichlich ½ l Wasser
- 2 EL Semmelbrösel
- 2 Lorbeerblätter
- Streuwürze und Selleriesalz nach Geschmack
- 1 TL Senf
- Pfeffer
- 1 TL Paprikapulver edelsüß
- 4 TL gerebbelter Majoran
- 2 Knoblauchzehen
- 1 EL oder mehr Sojasoße (Tamari)

Den **Grünkern** mit **Semmelbrösel**, **Lorbeerblättern** und **Streuwürze** im Wasser aufkochen. Auf der ausgeschalteten Herdplatte 15 Minuten ausquellen lassen.
Unter die ausgekühlte Masse alle anderen **Zutaten** rühren und pikant abschmecken.

Diesen Grünkernbrei können Sie dann weiter verarbeiten: zu Getreidebraten (siehe Seite 131) oder mit nassen Händen Puffer, Bratlinge formen und diese in der Pfanne in heißem Olivenöl auf beiden Seiten knusprig braten.

Von den Grünkernbratlingen aus den Anfängen der Vollwertküche wissen wir, dass sie, gut gewürzt, von fleischlichen geschmacklich kaum oder gar nicht zu unterscheiden waren. Wenn man sich überlegt, wodurch ein Tatar aus an sich geschmacklosem Rinderhack überhaupt schmeckt oder vielmehr vielleicht mal geschmeckt hat: Es sind die Gewürze, beim Tatar also die Zwiebel, das Salz, der Pfeffer, der Senf!

Hirsebrei

250 g Hirse
mindestens doppelt so viel Wasser

Hirse mit dem **Wasser** unter Rühren zum Kochen bringen, zwischen 10 und 25 Minuten leise köcheln lassen. Zwischendurch umrühren. Alle Flüssigkeit sollte dann aufgesogen sein. Sowohl Flüssigkeitsmenge wie Kochzeit hängen von der Feinheit des Hirsekorns ab. Bitte die Packungsinformation beachten. Pikant oder süß mit den entsprechenden Zutaten weiterverarbeiten.

Für die Mageren, die einfach nicht zunehmen können, weiß meine Freundin Susanne einen Rat: Bockshornkleesamen! 1 TL pro Tag in Wasser oder Tee aufgelöst getrunken, hat ihre »Salzfässer«, die Dellen an den Schlüsselbeinen, aufgefüllt. Es gibt jedoch Leute, die gerade »Salzfässer« erotisch finden! Also gut überlegen! Angeblich werden oder wurden in arabischen Ländern Frauen mit diesem aromatischen, aber ziemlich bitteren Gebräu gemästet. Dies bitte nicht rassistisch auslegen! Aus der türkischen Küche habe ich übernommen, diesen Bockshornkleesamen in kleinen Mengen Gemüse- und Hülsenfrüchtegerichten beizufügen.

Reisbrei

50 g Reis-Vollkornmehl
200 ml Wasser (ergibt 250 g gekochten Reisbrei)

Das **Reis-Vollkornmehl** mit dem **Wasser** kurz aufkochen und ausquellen lassen.

*Frühling lässt sein blaues Band
Wieder flattern durch die Lüfte;
Süße, wohlbekannte Düfte
Streifen ahnungsvoll das Land.*
EDUARD MÖRIKE

Frühlingsmenüs

1
Sauerampfersuppe,
Spinatknödel und
gestiftelte Möhren auf
Selleriesoße,
Mandelmus mit Datteln

2
Roher Spargel-
Champignon-Salat,
Gemüsestrudel auf
Frankfurter Grüner Soße,
Vollkornwaffeln

3
Marinierte Artischocken
mit Möhren-Sellerie-Stiften,
Kartoffel-Gemüse-Krapfen
mit Brokkolicreme,
Rhabarbermousse

4
Wildkräuter mit
Bärlauchsoße,
Spinat-Hirse-Auflauf,
Vanillecreme

5
Rucolasalat mit gebratenen
Shiitakepilzen,
Fettuccine picante,
Hirsepudding auf
Erdbeerspiegel

6
Möhrensalat mit Früchten,
gebratener Spargel mit
Rucola und Walnüssen,
Aprikosenmus

Frühlingsmenü 1

Sauerampfersuppe
Spinatknödel und gestiftelte Möhren auf Selleriesoße
Mandelmus mit Datteln

FRÜHLINGSMENÜ 1

Sauerampfersuppe
Spinatknödel und gestiftelte Möhren auf Selleriesoße
Mandelmus mit Datteln

Sauerampfersuppe

1 Stange Lauch
1 Möhre
¼ Knollensellerie
2 Kartoffeln
1 Lorbeerblatt
0,3 l Gemüsebrühe
1 Bund Sauerampfer
1 EL Öl
Streuwürze zum Abschmecken
Cashewsahne* nach Belieben

Lauch, **Möhre**, **Knollensellerie** und **Kartoffeln** klein schneiden.

Mit dem **Lorbeerblatt** ca. 20 Minuten in der **Gemüsebrühe** köcheln lassen.

Sauerampfer in Streifen schneiden und im **Öl** kurz dünsten.

Die Hälfte des **Sauerampfers** mit der Suppe pürieren. Wer mag, kann die Suppe durch ein feines Sieb streichen.

Mit **Streuwürze** abschmecken und mit den restlichen **Sauerampferstreifen** servieren.

Ein Klacks schaumig geschlagene Cashewsahne krönt diese Suppe.

Auf dieselbe Weise bereite ich Bärlauchsuppe zu.

Spinatknödel und gestiftelte Mö

SPINATKNÖDEL UND
GESTIFTELTE MÖHREN

1000 bis 1500 g Spinat
1 Vollkornbrötchen
300 g Dinkelvollkornmehl
1 bis 2 EL Flockenmix*
evtl. etwas Gemüsebrühe
Knoblauch
Streuwürze
Pfeffer
Curry nach Geschmack
ca. 250 g Möhren für die Beilage

FRÜHLINGSMENÜ 1

Sauerampfersuppe
Spinatknödel und gestiftelte Möhren auf Selleriesoße
Mandelmus mit Datteln

...en auf Selleriesoße

Den **Spinat** dünsten, bis er zusammenfällt.

Das **Vollkornbrötchen** in ½ l Wasser ca. 10 Minuten einweichen und ausdrücken.

Gedünsteten, gut abgetropften **Spinat** hacken und mit den übrigen **Zutaten** (bis auf die Möhren) vermischen. Ca. ½ Stunde ruhen lassen.

Knödel formen, in reichlich kochendes Salzwasser geben und ziehen lassen. Wenn sie hochkommen, sind sie fertig.

Möhren stifteln und in leicht gesalzenem Wasser garen.

FRÜHLINGSMENÜ 1

Sauerampfersuppe
Spinatknödel und gestiftelte Möhren auf Selleriesoße
Mandelmus mit Datteln

SELLERIESOSSE

50 g Knollensellerie
0,6 l Gemüsebrühe
1 Schuss Weißwein
50 g Cashewsahne*
Streuwürze
Pfeffer
Kurkuma

Mandelmus mit Datteln

Reisbrei*
150 g Datteln
2 EL Mandelmus (im Bioladen erhältlich)
1 EL Zitronensaft
abgeriebene Schale von ½ Zitrone

Datteln entkernen, einige Stunden in 1 bis 2 Esslöffel Wasser einweichen. Anschließend mit dem **Reisbrei** und den übrigen **Zutaten** zu cremiger Konsistenz mixen.

Den **Knollensellerie** in der **Gemüsebrühe** und einem Schuss **Weißwein** garen. Mit der **Cashewsahne**, **Streuwürze**, **Pfeffer** und **Kurkuma** nach Geschmack pürieren.

Knödel und **Möhren** auf der Soße anrichten.

TIPPS

Der Nährstoffgehalt eines pflanzlichen Gerichts kann durch die Kombination verschiedener Lebensmittel erhöht werden.

Die Eisenverfügbarkeit in Spinat, Hülsenfrüchten oder Getreide lässt sich durch das Hinzufügen von Vitamin-C-haltigen Säften, Obst oder Gemüse erheblich steigern. Dies ist gerade bei einer rein pflanzlichen Ernährung wichtig, da die Bioverfügbarkeit von Eisen in pflanzlicher Nahrung geringer ist als in fleischhaltigen Speisen.

Laut Weltgesundheitsorganisation ist Eisenmangel der häufigste Nährstoffmangel weltweit. Der Mineralstoff ist für die Blutbildung und Immunabwehr wichtig, ein Mangel kann zu Blutarmut (Anämie) führen. Insgesamt leiden Veganer oder Vegetarier aber entgegen der landläufigen Meinung nicht häufiger als Nichtveganer bzw. Nichtvegetarier unter Eisenmangel, was sicher auch an der bewussten Ernährungsweise liegt.

Vor allem Getreideprodukte, Nüsse, Quinoa, Hirse, Amaranth, grünes Gemüse, rote Bete und Trockenfrüchte enthalten viel Eisen.

In den Wechseljahren tut Salbeitee gut – gegen Hitzewallungen.

Auch Mungbohnen helfen, möglichst roh und gekeimt, denn sie enthalten natürliches Östrogen, ebenso wie der Hopfen im Bier.

Auch Fencheltee wirkt Wunder. Frauen, die regelmäßig Fencheltee trinken, zeichnen sich, wie es heißt, durch größere Gelassenheit aus ...

Sesam ist sehr kalziumreich; doch alles Kalziumschlucken bringt nichts, wenn nicht genügend Vitamin D vorhanden ist, um es verwertbar zu machen. Also Sonne tanken!

Frühlingsmenü 2

Roher Spargel-Champignon-Salat
Gemüsestrudel auf Frankfurter Grüner Soße
Vollkornwaffeln

FRÜHLINGSMENÜ 2

Roher Spargel-Champignon-Salat
Gemüsestrudel auf Frankfurter Grüner Soße
Vollkornwaffeln

Roher Spargel-Champignon-Salat

500 g weißer Spargel
250 g Champignons
Zitronensaft
2 EL Öl
1 EL Obstessig
1 TL Senf
Streuwürze oder Kräutersalz
Pfeffer
Petersilie zum Bestreuen

Geschälten **Spargel** in 2 bis 3 cm lange Stücke schneiden.

Champignons blättrig schneiden und mit dem Spargel mischen.

Mit **Zitronensaft** beträufeln.

Mit **Öl, Essig, Senf, Streuwürze** oder **Kräutersalz** und **Pfeffer** abschmecken und etwas ziehen lassen.

Mit gehackter **Petersilie** bestreuen.

Gemüsestrudel auf Frankfurter Grüner Soße

Der beste Strudel, den ich gegessen habe, war nicht mit Öl oder Butter, sondern mit Sahne zubereitet. Und siehe da: mit Cashewsahne geht's genauso gut!

Absolut »super-lecker« — mit diesem Prädikat gehen VeganerInnen zurzeit ihren Mitmenschen auf die Nerven.

GEMÜSESTRUDEL

250 g Dinkelvollkornmehl
⅛ l lauwarmes Wasser
½ TL Streuwürze*
100 g Cashewsahne*
500 g Gemüse: Blumenkohl, Brokkoli, Pilze, Lauch, Möhren etc.
1 Zwiebel
2 bis 3 EL Olivenöl
Kräutersalz
Pfeffer
Muskat
Knoblauch und, wer mag, Bockshornkleesamen

Vollkornmehl mit **Wasser**, **Streuwürze** und **Cashewsahne** zu einem geschmeidigen Teig verarbeiten, auf einen warmen Teller legen und eine Schüssel darüberstülpen, um Wärme und Geschmeidigkeit zu erhalten.

Mindestens 30 Minuten ruhen lassen.

FRÜHLINGSMENÜ 2

Roher Spargel-Champignon-Salat
Gemüsestrudel auf Frankfurter Grüner Soße
Vollkornwaffeln

Blumenkohl und **Brokkoli** in Röschen teilen, **Pilze** blättrig schneiden, **Lauch** in Ringe, **Möhren** stifteln.

Die **Zwiebel** würfeln und mit dem zerkleinerten **Gemüse** in Öl andünsten. Mit den **Gewürzen** pikant abschmecken.

Den Teig zu einem dünnen Rechteck ausrollen und mit dem gut abgetropften und abgekühlten **Gemüse** belegen.

Zuerst die Längsseiten einschlagen und dann zusammenrollen.

30 Minuten bei 180 °C backen.

Die Strudelstücke auf der »Gree Soß« servieren.

27

FRÜHLINGSMENÜ 2

Roher Spargel-Champignon-Salat
Gemüsestrudel auf Frankfurter Grüner Soße
Vollkornwaffeln

FRANKFURTER GRÜNE SOSSE

Zur »Gree Soß« eine Vorgeschichte: In einem meiner Kochbücher gab es eine Grüne Soße, die mir eine fette Rüge einbrachte!

Frau Annette aus Eichstätt schrieb, dass sie dank meines Kochbuches, das sie zu ihrem 16. Geburtstag geschenkt bekam, zu einer begeisterten Köchin geworden und von meinen Rezepten rundum begeistert sei — nur was ich als Frankfurter Grüne Soße bezeichne, habe mit der echten Frankfurter »Gree Soß« nur die Farbe Grün gemein. Darum schickte sie mir das Rezept, das »auch heute noch im Frühling mindestens ein Mal pro Woche auf dem Speiseplan jeder echten hessischen Familie steht«.

Und so sieht sie aus, die Frankfurter Gree Soß von Annette:

Kräuter: Petersilie, Kerbel, Estragon, Dill, Borretsch, Sauerampfer und Spitzwegerich
3 Becher saure Sahne
1 Becher Schmand (falls nicht zu bekommen, Crème fraîche oder saure Sahne)
1 TL Senf
Saft von ½ Zitrone
2 EL Sonnenblumenöl
4 hart gekochte Eier
Salz
Pfeffer

Kräuter waschen und sehr fein hacken. Saure Sahne, Schmand, Senf, Zitronensaft und Öl miteinander verrühren.

Kräuter und fein gehackte gekochte Eier unterrühren. Die Kräuter müssen übrigens so fein gehackt sein, dass die Soße richtig grün wird.

Abgeschmeckt wird mit Salz und Pfeffer. Dazu isst man Pellkartoffeln — und meistens Frankfurter Würstchen, auf die man aber ohne Probleme verzichten kann.

Sie werden merken, dass diese echte Frankfurter Soße sehr leicht und erfrischend schmeckt.

Ihre Annette

Liebe Annette, die vegane Köchin begeht nun ein weiteres Sakrileg: Lässt die hart gekochten Eier weg und statt Schmand und Crème fraîche verwendet sie Cashewsahne. Sie verzeihen? Schmeckt absolut toll!

FRÜHLINGSMENÜ 2

Roher Spargel-Champignon-Salat
Gemüsestrudel auf Frankfurter Grüner Soße
Vollkornwaffeln

Vollkornwaffeln

reichlich ⅛ l Wasser
⅛ l Cashewsahne*
200 g fein gemahlener Vollkornweizen oder Dinkel oder Kamut (der macht sie lieblicher)
1 Prise Salz

Wasser und **Cashewsahne** vermengen.

Mit dem **Mehl** und der Prise **Salz** gut verquirlen.

Den Teig mindestens 10 Minuten ruhen lassen (eventuell Flüssigkeit zufügen – der Teig muss von der Schöpfkelle laufen).

Das Waffeleisen erhitzen, mit dem Pinsel leicht einölen.

Je 1 Schöpfkelle voll Teig in das Waffeleisen füllen, backen.

Diese einfachen Waffeln, die bei mir zum Sonntagsfrühstück gehören, habe ich schon immer ohne Eier gebacken.

Sie werden zu Schlemmerwaffeln mit Aufstrichen wie Nuss- oder Mandelmus, Maronenpüree, Fruchtpürees, Sesam, Vanille oder Zimt.

Frühlingsmenü 3

Marinierte Artischocken mit Möhren-Sellerie-Stiften

Kartoffel-Gemüse-Krapfen mit Brokkolicreme

Rhabarbermousse

FRÜHLINGSMENÜ 3

Marinierte Artischocken mit Möhren-Sellerie-Stiften
Kartoffel-Gemüse-Krapfen mit Brokkolicreme
Rhabarbermousse

Marinierte Artischocken mit Möhren-Sellerie-Stiften

4 junge Artischocken (bei den jungen ist noch kein »Heu« zu entfernen)
Zitronensaft
Marinade aus ⅛ l Weißwein und Bärlauchpesto nach Geschmack, 2 EL Olivenöl, 1 Prise Salz, weißer Pfeffer
1 mittelgroße Möhre
1 Stange Bleichsellerie
8 schwarze Oliven
1 EL fein gehackte Blattpetersilie zum Bestreuen

Von den jungen (rohen) **Artischocken** das harte Ende des Stiels abschneiden.

Stiele bis zum Artischockenboden schälen.

Dunkle, zähe Blätter bis zu den hellgrünen, zarten entfernen, die oberen zwei Drittel auch dieser Blätter großzügig (sind sonst zu hart!) abschneiden.

Artischocken der Länge nach in dünne Scheiben schneiden und sofort mit **Zitronensaft** beträufeln.

Mit der Hälfte der **Marinade** übergießen.

Möhre und **Sellerie** in 3 cm langer möglichst dünne Stäbchen schneiden.

Samt den **Oliven** mit dem Rest der **Marinade** übergießen.

Mindestens eine halbe Stunde durchziehen lassen.

Zusammen mit den **Artischocken** anrichten.

Die gehackte **Petersilie** drüberstreuen.

FRÜHLINGSMENÜ 3

Marinierte Artischocken mit Möhren-Sellerie-Stiften
Kartoffel-Gemüse-Krapfen mit Brokkolicreme
Rhabarbermousse

Kartoffel-Gemüse-Krapfen mit Brokkolicreme

KARTOFFEL-GEMÜSE-KRAPFEN

500 g Kartoffeln

250 g Gemüse (Shiitakepilze, Möhren, Lauch, Mais)

ca. 200 g Dinkelvollkornmehl

Streuwürze*

Muskat

Olivenöl zum Braten

Die **Kartoffeln** kochen. Noch heiß pellen und durch die Presse drücken. Das **Gemüse** klein schneiden und leicht dünsten.

Kartoffeln und **Gemüse** mit den übrigen **Zutaten** gut verkneten und ca. ½ Stunde ruhen lassen.

Kleine flache Laibchen (Buletten) formen und auf beiden Seiten im **Öl** goldbraun braten.

BROKKOLICREME

300 g Brokkoli

⅛ l Gemüsebrühe

ca. 100 g Cashewsahne*

Muskat

Streuwürze* oder Kräutersalz

Brokkoli in der **Gemüsebrühe** bissfest kochen.

Mit der **Cashewsahne** pürieren.

Mit **Muskat** und **Streuwürze** oder **Kräutersalz** abschmecken.

FRÜHLINGSMENÜ 3

Marinierte Artischocken mit Möhren-Sellerie-Stiften
Kartoffel-Gemüse-Krapfen mit Brokkolicreme
Rhabarbermousse

Rhabarbermousse

- **300 g Rhabarber**
- **¼ l Weißwein**
- **⅛ l Apfelsaft**
- **1 Stück Vanilleschote**
- **ca. 5 g Agar-Agar**
- **Cashewsahne* zum Garnieren**

Rhabarber in Stücke schneiden.

Mit **Wein, Apfelsaft** und **Vanilleschote** weich dünsten.

Vanilleschote entfernen und **Rhabarber** pürieren.

Mit **Agar-Agar** einmal aufkochen lassen.

In Portionsschälchen füllen und kalt stellen.

Mit der **Cashewsahne** servieren.

Das glücklich machende Tryptophan

Wo finde ich denn nun das begehrte glücklich machende Tryptophan?

Am meisten ist es (leider) in Fleisch und Milchprodukten enthalten, besonders viel in Schweinefleisch, 300 mg in 100 g! 280 mg sind in 100 g Huhn – das könnte erklären, warum so viele Menschen so schwer vom Fleisch, speziell vom Schweinefleisch loskommen.

Bei Mandeln und Walnüssen finden sich 170 mg Tryptophan in 100 g, bei Haselnüssen 200 mg, absolute Spitzenreiter sind die Cashewkerne mit 450 mg pro 100 g.

Reich an Tryptophan sind Roggen, Weizen, Gerste, Dinkel und Hirse und das Knöterichgewächs Buchweizen, und natürlich Hülsenfrüchte, allen voran die Sojabohne mit 450 mg pro 100 g. Linsen und Bohnen sind mit 250 mg vertreten, Kichererbsen mit 160 mg. Gemüse und Obst sind eher arm an Tryptophan, am meisten haben die Champignons, 24 mg, und die Pfifferlinge, 48 mg. Tryptophanhaltige Gemüse sind Möhren mit 10 mg, Sellerie mit 12 mg, rote Bete mit 13 mg, Kürbis mit 15 mg, Chinakohl mit 20 mg pro 100 g. Der Apfel hat gerade mal 2 mg, die Erdbeere immerhin 15 mg. Am meisten die Banane mit – 18 mg. Ein gutes schlafförderndes Betthupferl wäre also eine Banane mit einer Handvoll Cashewkerne oder Walnüsse. Und wie Sie sehen, können wir uns gute Laune auch an-essen!

(Tryptophangehalt, angegeben in mg pro 100 g Lebensmittel, laut Liste der DGE, der Deutschen Gesellschaft für Ernährung)

Frühlingsmenü 4

Wildkräuter mit Bärlauchsoße

Spinat-Hirse-Auflauf

Vanillecreme

FRÜHLINGSMENÜ 4

Wildkräuter mit Bärlauchsoße
Spinat-Hirse-Auflauf
Vanillecreme

Wildkräuter mit Bärlauchsoße

Je 1 Handvoll junge Löwenzahnblätter, Vogelmiere, Schlüsselblumenblätter, Hirtentäschel, ganz junger Giersch, Gänseblümchenblätter und Blüten und was Sie sonst noch auf Ihrem Frühlingsspaziergang finden

1 Handvoll Bärlauch für die Soße

150 g Cashewsahne*

½ TL Senf

1 TL Obstessig

3 bis 4 EL Gemüsebrühe

Salz

Pfeffer

Kräuter klein zupfen und auf den Tellern anordnen.

Den **Bärlauch** fein schneiden.

Die **Cashewsahne** mit **Senf**, **Obstessig**, **Gemüsebrühe**, **Salz** und **Pfeffer** verrühren und mit dem Bärlauch zu einer Soße vermengen.

Gleichmäßig über die Kräuter verteilen.

Eine Handvoll Wildkräuter sichert den Bedarf an Mineralstoffen und kann durch keine Pille ersetzt werden. Laben Sie sich im Frühling an Löwenzahnblättern, Brunnenkresse, Bärlauch, Sauerampfer, Spitzwegerich, Bärenklau und der Wunderpflanze Brennnessel. 100 g Brennnesseln z. B. enthalten 200 bis 300 mg Vitamin C (zum Vergleich: 100 g Orangen nur 12 mg!).

Spinat-Hirse-Auflauf

Diesen Spinat-Hirse-Auflauf habe ich in Alfred Bioleks berühmter Fernsehkochsendung zubereitet, lang, lang ist's her. Nach Beendigung der Dreharbeiten hat sich die gesamte Crew auf den Auflauf gestürzt — und war voll des Lobes! Damals verwendete ich noch Milch anstatt Cashewsahne und Käse anstelle von Flockenmix. Ich bin mir sicher, die neue Variante käme mindestens genauso gut an.

300 g Hirse

600 ml Gemüsebrühe mindestens (oder halb Brühe, halb Cashewmilch*)

1 kg Blattspinat

2 Zwiebeln

2 EL Öl

Streuwürze* oder Kräutersalz

Knoblauch nach Geschmack

Muskat

100 g Flockenmix*

Hirse in der **Gemüsebrühe** aufkochen, 5 Minuten kochen und bei schwacher Hitze etwa 20 bis 30 Minuten ausquellen lassen.

Spinatblätter mehrmals gründlich waschen. Gehackte **Zwiebeln** im **Öl** glasig dünsten, abgetropften Spinat zugeben und zusammenfallen lassen.

Mit **Streuwürze** oder **Kräutersalz**, evtl. durch die Presse gedrücktem **Knoblauch** und **Muskat** abschmecken.

FRÜHLINGSMENÜ 4

Wildkräuter mit Bärlauchsoße
Spinat-Hirse-Auflauf
Vanillecreme

Blattspinat locker unter den Hirsebrei mischen – die Spinatblätter sollten noch sichtbar sein.

In eine gefettete Auflaufform füllen, mit **Flockenmix** bestreuen. Im Ofen bei 200 °C 20 bis 30 Minuten überbacken (je nachdem, ob die Zutaten kalt oder warm sind).

Alle Spinatgerichte lassen sich auch statt des Spinats mit Mangold oder jungen Brennnesseln zubereiten. Die Brennnesseln schmecken wie Scampi! Und sind eine Fundgrube an Mineralien, besonders Eisen – wichtig fürs Herz!

Vanillecreme

- 1 bis 2 (oder mehr) Datteln
- 300 ml Cashewmilch*
- Mark einer Vanilleschote oder Naturvanille-Pulver
- 2 gestrichene TL Johannisbrotkernmehl

Datteln in Wasser einweichen, bis sie weich sind.

Die **Cashewmilch** mit dem Mark der **Vanilleschote** oder **Naturvanille-Pulver** verrühren.

Das **Johannisbrotkernmehl** in die Flüssigkeit sieben.

Die eingeweichten **Datteln** hinzufügen, das Ganze mixen und kalt stellen – fertig!

Frühlingsmenü 5

Rucolasalat mit gebratenen Shiitakepilzen

Fettuccine picante

Hirsepudding auf Erdbeerspiegel

FRÜHLINGSMENÜ 5

Rucolasalat mit gebratenen Shiitakepilzen
Fettuccine picante
Hirsepudding auf Erdbeerspiegel

Rucolasalat mit gebratenen Shiitakepilzen

Der Shiitakepilz ist ein Heilpilz, der auch bei uns immer mehr LiebhaberInnen findet. In asiatischen Ländern wird er schon seit tausend Jahren angebaut. Weil er gern auf den Stämmen von Kastanien wächst, nennt man ihn auch Kastanienpilz. Er gilt als Stärkungsmittel und wurde im Jahr 1309 von einem berühmten Arzt namens Wu Rui in seinem Buch »Arzneimittel für den täglichen Gebrauch« folgendermaßen beschrieben: »Shiitake verbessert das Qi (die Lebensenergie) und verhindert, dass es verdorrt. Er heilt Erkältungen und durchdringt das Blut (…). Er ist gut gegen Herzprobleme, bei allen bösartigen Krankheiten, gegen Schlangengift und alle Arten von Eingeweidewürmern.«

Er soll sogar Tumore heilen und man kann mit ihm kuren. Shiitakepilze sind reich an Vitaminen und Mineralstoffen, auch und besonders in getrocknetem Zustand – das Vitamin D nimmt da sogar noch zu.

Und sie schmecken! Würziger als Champignons! Ich liebe sie besonders roh – probieren Sie mal die rohe Shiitake-Walnuss-Soße auf Seite 149!

Sehr zu empfehlen ist das spannende Büchlein »Heilpilze Ling Zhi, Shiitake & Co. schützen das Immun- system« (siehe Anhang).

RUCOLASALAT MIT GEBRATENEN SHIITAKEPILZEN

250 g Shiitakepilze
4 EL kaltgepresstes Olivenöl
Streuwürze
Pfeffer aus der Mühle
½ TL frisch gepresster Zitronensaft
2 Bund Rucola (ca. 100 g)
8 Cherry-Tomaten
1 EL Sherry
½ TL scharfer Senf
1 TL Bärlauchpesto

Shiitakepilze in Streifen schneiden und mit 3 Esslöffeln vom **Olivenöl** bissfest braten.

Mit **Streuwürze, Pfeffer** und **Zitronensaft** abschmecken und abkühlen lassen.

Rucolasalat mundgerecht schneiden, **Tomaten** halbieren.

Restliches **Olivenöl, Sherry, Senf, Streuwürze, Bärlauchpesto** und **Pfeffer** mixen, über den Salat geben und sofort servieren.

Auch in diesem Rezept können die Shiitakepilze roh verzehrt werden!

FRÜHLINGSMENÜ 5

Rucolasalat mit gebratenen Shiitakepilzen
Fettuccine picante
Hirsepudding auf Erdbeerspiegel

Fettuccine picante

Manchmal hauen sie alle nicht hin, die veganen Alternativen, man kommt nicht annähernd an das Original heran. Mir so geschehen bei einem meiner Lieblingsrezepte aus der nicht veganen Zeit – den Fettuccine Alfredo. Da heißt es dann, in Liebe fallen lassen – und etwas ganz Neues kreieren.

Diese unvergesslichen Nudeln habe ich – mindestens dreißig Jahre ist das her – in Rom eben bei dem berühmten Koch Alfredo gegessen. Sie schwammen in Butter und Sahne, drübergehobelt wurde dann auch noch ein ganzer Berg Parmesan. Absolut köstlich – doch geschmacklich mit Cashewsahne und Hefeflocken nicht zu erreichen.

Ich erinnerte mich nun an eine Soße, die ich einmal bei Dreharbeiten mit Horst Tappert zu einem Derrick-Film in Spanien kennengelernt, aber vergessen hatte, da sie mir einfach zu scharf war, eine Mandel-Knoblauch-Chili-Soße. Diese Soße könnte, in abgeschwächter Form, zu den Nudeln passen, dachte ich mir. Und tatsächlich! Einige Scheiben in Wasser eingeweichte Mangoschnitze verleihen ihr einen zusätzlichen milden Pfiff – und ich überlasse es nun Ihnen, liebe Leser und LeserInnen, welche Mengen wovon Sie sich und Ihren Gästen zumuten!

Vorsichtshalber vielleicht besser nur Vatatypen einladen wie mich, deren ohnehin schwaches Verdauungsfeuer dadurch ordentlich auf Touren kommt. Die sowieso hitzigen Pittas hingegen könnten leicht aus der Haut fahren ...

Im Ayurveda, der Wissenschaft vom Leben, spricht man von den drei Doshas, die alle körperlichen und geistigen Vorgänge steuern. Sie werden Vata, Pitta und Kapha genannt. Je nachdem, welches Dosha überwiegt, ist der Mensch ein Vata-, Pitta- oder Kaphatyp. Vereinfacht ausgedrückt überwiegt beim Vatatyp das Element Luft, beim Pittatyp das Element Feuer, beim Kaphatyp das Element Erde. Die drei Doshas sollten möglichst im Gleichgewicht sein, damit der Mensch gesund ist. Durch eine entsprechende Ernährung, gerade auch durch Gewürze, kann man dazu beitragen.

FRÜHLINGSMENÜ 5

Rucolasalat mit gebratenen Shiitakepilzen
Fettuccine picante
Hirsepudding auf Erdbeerspiegel

Bei den Soßenzutatejn jabe ich auf Mengenangaben verzichtet; sie hängen von dem von Ihnen gewünschten Schärfegrad ab.

Mandeln
Knoblauch
Chilischoten
Gemüsebrühe
Weißwein
Olivenöl
Salz
Pfeffer
Kartoffelstärke
Mangoschnitze
Koriandergrün zum Garnieren
500 g Vollkornnudeln

Knoblauch und **Mandeln** (mit der Haut) grob hacken.

Frische oder getrocknete **Chilischoten** in einer kräftigen **Gemüsebrühe** etwa 10 Minuten kochen.

Weißwein zugeben, noch einmal kurz aufkochen, **Soße** abkühlen lassen, dann **Olivenöl** unterrühren.

Mit **Salz** und **Pfeffer** abschmecken.

Da die Originalkochzeit länger gewesen sein dürfte und die Soße dadurch automatisch eindickt, mache ich sie mit in etwas Wasser aufgelöster Kartoffelstärke sämig.

Zum Schluss gebe ich rohe, grob gehackte **Mangoschnitze** dazu.

Wer hat, mischt noch frisches gehacktes **Koriandergrün** unter diese originelle Soße, die man auch gut als Dip zu gebackenem Gemüse oder rohen Gemüsesticks genießen kann.

Nudeln in reichlich gesalzenem Wasser al dente kochen und mit der Soße servieren.

FRÜHLINGSMENÜ 5

Rucolasalat mit gebratenen Shiitakepilzen
Fettuccine picante
Hirsepudding auf Erdbeerspiegel

Chilischoten stärken Herz und Kreislauf und erfreuen sich gerade in den heißen Ländern großer Beliebtheit.

Und Mandeln sind ein super Vitamin-E-Lieferant! Das Vitamin gilt als wirksames Antioxidans, kann also Körperzellen vor der Zerstörung durch oxidativen Stress schützen. Es heißt, dass sieben Mandeln pro Tag auch krebsverhütend wirken …

Süße Mandeln, in der Pfanne bei geringer Hitze geröstet, sind eine Delikatesse!

Hirsepudding auf Erdbeerspiegel

2 bis 3 Datteln (oder mehr, kommt auf die Größe an)
70 g fein gemahlene Hirse
500 g Cashewmilch*
1 EL geriebene Mandeln
½ TL Naturvanille-Pulver
1 Prise Salz
250 g Erdbeeren
Vanillerum*
Mandelblättchen zum Bestreuen

Datteln in ein wenig Wasser einweichen. Anschließend pürieren.

Hirse unter Rühren in die kochende **Cashewmilch** einstreuen.

Kurz aufkochen, dann auf der abgeschalteten Herdplatte 20 Minuten quellen lassen.

Geriebene **Mandeln**, **Datteln**, **Vanillepulver** und **Salz** unterrühren.

Den **Pudding** in 4 mit kaltem Wasser ausgespülte Förmchen füllen und abkühlen lassen.

Die **Erdbeeren** mit 2 Esslöffeln Wasser und etwas **Vanillerum** pürieren.

Pudding stürzen, auf den **Erdbeerspiegel** setzen und mit **Mandelblättchen** bestreuen.

Frühlingsmenü 6

Möhrensalat mit Früchten
Gebratener Spargel mit Rucola und Walnüssen
Aprikosenmus

FRÜHLINGSMENÜ 6

Möhrensalat mit Früchten
Gebratener Spargel mit Rucola und Walnüssen
Aprikosenmus

Möhrensalat mit Früchten

- **300 g Möhren**
- **1 Apfel**
- **1 Chicorée**
- **1 in Würfel geschnittene Orange**
- **2 EL gehackte Haselnüsse**
- **1 EL Rosinen**
- **Zitronensaft**
- **200 g Cashewsahne***
- **Streuwürze**
- **Pfeffer**
- **Senf**
- **gehackte Petersilie zum Bestreuen**

Möhren und **Apfel** raspeln, den **Chicorée** in Streifen schneiden und mit den **Orangenwürfeln** und **Haselnüssen**, **Rosinen** und **Zitronensaft** vermischen.

Die **Cashewsahne** möglichst schaumig schlagen, mit den Gewürzen pikant abschmecken und unter den Salat heben.

Mit **Petersilie** bestreuen.

Gebratener Spargel mit Rucola und Walnüssen

- **1 kg weißer oder grüner Spargel**
- **Olivenöl**
- **Streuwürze**
- **1 Handvoll Rucola**
- **1 Handvoll Walnüsse**

Der weiße **Spargel** wird geschält, der holzige Teil entfernt. Der grüne wird nicht geschält, nur der untere holzige Teil entfernt.

Spargel im **Olivenöl** mit **Streuwürze** unter häufigem Wenden ca. 10 Minuten braten. Mit **Rucola** und **Walnüssen** anrichten.

Dazu passt Baguette oder Ciabatta.

Schmeckt mir mit grünem Spargel besonders gut.

FRÜHLINGSMENÜ 6

Möhrensalat mit Früchten
Gebratener Spargel mit Rucola und Walnüssen
Aprikosenmus

Aprikosenmus

125 g getrocknete Aprikosen
1 EL Mandelmus
2 EL süße Mandeln
Zimt
evtl. etwas Zitronensaft

Aprikosen in wenig Wasser über Nacht einweichen.

Dann mit dem **Mandelmus** und den **Mandeln** mixen.

Mit **Zimt** und evtl. **Zitronensaft** abschmecken.

Auf die gleiche Art lässt sich Pflaumenmus zubereiten. Hier bietet sich als zusätzliches Gewürz etwas Nelkenpulver an.

Drei Goldene Regeln

1. *Sagen Sie nie, was Sie auftischen, sei gesund, sonst haben Sie von vorneherein verspielt.*

2. *Kündigen Sie nicht an, dass es etwas Neues oder gar Veganes oder Vollwertiges gibt — allein gegen diese Worte sind schon viele allergisch.*

3. *Kündigen Sie nicht an, dass Sie heute fleischlos gekocht haben!*

*Wenn Sie diese drei Regeln befolgen, werden alle das Essen genießen und kaum bemerken, dass Sie gesund, vollwertig und dazu vegan gekocht haben.
Die Umstellung muss so sanft vor sich gehen, wie im Herbst die Blätter vom Baum fallen …*

Die nun folgende Zen-Geschichte habe ich schon öfter erzählt — aber sie ist sooo schön!

Der erleuchtete Meister schickt sich an, seinen Körper zu verlassen. Alle Jünger sitzen um sein Bett, gespannt darauf, welche weisen Worte der Verehrte am Ende seines Lebens wohl von sich geben wird.

Nur einer der Jünger ist in die ferne Stadt gerannt, um einen bestimmten Kuchen zu kaufen, des Meisters Lieblingskuchen. In der Stunde des Todes an einen Kuchen zu denken! Alle schütteln die Köpfe.

Die Zeit vergeht. Die Jünger warten. Der sterbende Meister schweigt. Auch er scheint zu warten. Immer wieder schaut er zur Tür, durch die schließlich der Bursche stürmt — mit dem Kuchen!

Der Meister lächelt. »Da bist du ja«, sagt er, isst mit letzter Kraft den Kuchen, lächelt wieder, meint: »Ah, dieser Kuchen ist köstlich!«, und scheidet dahin.

In diesem Fall frage ich nicht, ob der Kuchen vollwertig war.

Trarira, der Sommer, der ist da!

SO KURZ UND BÜNDIG BEGRÜSSEN DIE KINDER DES JAHRES SCHÖNSTE MONATE.

Sommermenüs

1
Brunnenkressesalat mit Himbeerdressing, Selleriescheiben im Sesammantel, Mohnparfait

2
Suppenkoalition rot-grün, Polenta mit Zuckerschoten und Frühlingszwiebeln, Kokoscreme

3
Bunter Sommersalat, überbackene Zucchini mit Grilltomate und Weizenrisotto, Avocadocreme

4
Spinat-Champignon-Salat,
Quiche,
Bananeneis auf
Himbeerspiegel

5
Radieschenrohkost,
gefüllte Tomaten,
rote Grütze mit
Cashewsahne

6
Tzatziki,
Hirse-Gemüse-Pfanne,
Mangocreme

Ein bisschen bin ich wohl der Typ, den Wilhelm Busch ironisiert: »Schön ist es auch anderswo – und hier bin ich sowieso …«

So kehre ich äußerst ungern um. Wenn sich zum Beispiel ein einmal eingeschlagener Weg als falsch erweist, nehme ich doch lieber große Strapazen und das Risiko, mich zu verlaufen, in Kauf – bloß nicht zurückgehen.

Der absolute Traumurlaub ist für mich der auf einem Segelboot. Ohne störende Motorgeräusche dahinsegeln, nichts hören als das Rauschen des Windes in den Segeln – und dann immer noch um die nächste Landzunge herum und wieder um die nächste, schauen, was dahinter liegt, immer weiter, immer weiter …

Ich hatte bereits einen Segeltörn gemacht, aber mit »normalen« Mitpassagieren und mit »normalem« Essen; Sie kennen das ja, da bleibt unsereinem nur der Salat und der Käse. Deshalb hatte ich mir einen Vollwertkost-Segeltörn in den Kopf gesetzt. Ich heuerte drei Segelboote an, wunderschöne Oldtimer, mit gigantischen Masten und Segeln ausgestattet, und fand auch die nötigen dreißig netten Menschen, die bereit waren, mitzusegeln.

Durch die jugoslawische Inselwelt ging die Fahrt. Wenn unsere drei stolzen Oldtimer in die Häfen einliefen, versammelten sich die Menschen am Kai: »Schau mal, Mutti, Piraten!«, rief ein kleiner Junge bewundernd.

Da kann man süchtig werden. Es gibt Leute, die monatelang auf diesen Segelschiffen im Meer herumschippern. Es ist ja auch zu schön, man hat alles, was einen Urlaub zum Traumurlaub macht: das Meer und den Wind, die Stille einer abseits gelegenen Bucht, den fröhlichen Lärm des Hafens, kann schwimmen und surfen und Wasserski fahren, herrlich essen, ohne sich groß anziehen zu müssen, und weite Landspaziergänge machen – wahrlich ein Traum.

Obwohl ich mir fest vorgenommen hatte, diesmal keinen Fuß in die Küche zu setzen, stand ich doch wieder am Herd. Bis die Crew herausgefunden hatte, wie denn nun der Frischkornbrei zubereitet wird und wie die Getreidemühle funktioniert …

Gar nicht so einfach, in so einer engen Bordküche für dreißig Leute und die Mannschaft Grünkernlaibchen zu braten, gar nicht so einfach, wenn die Pfannen schief stehen, das Öl steuerbord absackt und backbord die Bulette mangels Fett anbrennt. Und das alles bei dreißig Grad im Schatten.

Eines Abends besetzte zur allgemeinen Freude mein bulgarischer Arztfreund Emil die Bordküche und brutzelte nationale Spezialitäten. Das Dinner geriet so zwar noch später als gewöhnlich, weil zu allem Überfluss auch noch die Holzkohle ausging, bestach jedoch durch Einfachheit und Raffinesse. Und so sah es aus:

Vorspeise: Zucchini und Paprikaschoten

Panierte Zucchinischeiben, in Öl gebraten mit einer Soße aus Joghurt, Sahne, Knoblauch sowie Paprikaschoten im Ofen gebacken mit Tomatensoße, dazu Weizenbrot.

Hauptgericht: Auberginen Imam Bayildi

Das Auberginenrezept Imam Bayildi stammt von Emils Oma, der Baba Veska. Wie unschwer zu erraten, handelt es sich um ein türkisches Rezept, denn Bulgarien war fünfhundert Jahre lang, bis 1878, unter türkischer Herrschaft.

Und so wird's gemacht: Ganze Auberginen innen aushöhlen. Hinein kommt eine Fülle aus Zwiebeln, gebratenem Reis, klein geschnittenen Möhren und Sellerie, viel Petersilie und geriebenem Käse. Die gefüllten Auberginen werden in einer feuerfesten Form nebeneinander aufgestellt, mit Tomatensoße übergossen, mit Butterflöckchen bestreut und etwa eine Stunde im Ofen gebacken.

Die Butterflöckchen kann man weglassen, für die Soße unsere Cashewsahne und statt geriebenem Käse unseren Flockenmix verwenden.

Bei Emil gab's Schafskäse als Dessert – wie wäre es mit frischer Melone stattdessen?

Sommermenü 1

Brunnenkressesalat mit Himbeerdressing

Selleriescheiben im Sesammantel

Mohnparfait

SOMMERMENÜ 1

Brunnenkressesalat mit Himbeerdressing
Selleriescheiben im Sesammantel
Mohnparfait

Brunnenkressesalat mit Himbeerdressing

1 Bund Brunnenkresse
1 Bund Radieschen
2 Stangensellerie
100 g Walnüsse
100 ml Walnussöl
25 ml Himbeeressig
1 Stückchen zermuste Banane
Pfeffer
Streuwürze

Die großen Stiele der **Brunnenkresse** entfernen.

Radieschen und **Stangensellerie** in dünne Scheiben schneiden.

Walnüsse grob hacken.

Aus **Öl**, **Essig**, **Bananenmus**, **Pfeffer** und **Streuwürze** eine Marinade mischen und über die Salatzutaten gießen.

Selleriescheiben im Sesammantel

1 bis 2 Sellerieknollen
Kräutersalz/Selleriesalz
weißer Pfeffer
2 bis 3 EL geschälter Sesam
Öl zum Braten

Sellerieknollen schälen und im Ganzen ca. 30 Minuten in Salzwasser garen.

Im abgekühlten Zustand in 1 bis 2 cm dicke Scheiben schneiden, mit **Selleriesalz** bzw. **Kräutersalz** und **weißem Pfeffer** kräftig würzen und in **Sesam** wälzen.

In heißem **Öl** von beiden Seiten goldbraun knusprig braten.

Dazu passt besonders gut Kartoffelpüree mit Cashewsahne verfeinert.

Sesam lässt sich mit etwas Vollkornmehl vermischt auch als Panade verwenden. Geschälter Sesam bräunt besser als ungeschälter.

SOMMERMENÜ 1

Brunnenkressesalat mit Himbeerdressing
Selleriescheiben im Sesammantel
Mohnparfait

Mohnparfait

250 g Cashewsahne*
3 EL gemahlener Mohn
1 EL fein gemahlene Mandeln
2 EL zermuste Banane
(oder 2 eingeweichte pürierte Datteln)
1 EL Zitronensaft
abgeriebene Schale von 1 Zitrone
evtl. 1 EL Vanillerum*
Früchte zum Garnieren (nach Bedarf)

Die **Cashewsahne** möglichst schaumig schlagen.

Alle übrigen **Zutaten** mischen und unterziehen.

In 4 kalt ausgespülte Förmchen füllen und 2 bis 3 Stunden einfrieren.

Ca. 10 bis 15 Minuten vor dem Servieren aus dem Kühlfach nehmen und stürzen.

Mit **Erdbeeren oder anderen sommerlichen Früchten** verzieren.

> *D*ie Nahrung ist ein Liebesbrief, den uns der Schöpfer schreibt und den wir entziffern müssen [...], den Brief des Schöpfers aber wirft man in den Papierkorb, er ist es nicht wert, gelesen zu werden. Der Mensch ist der Letzte, der sich damit aufhält, diese Botschaft zu entziffern. Die Tiere sind da viel aufmerksamer als er. Ja, zum Beispiel lesen Ochsen und Kühe ihn mehrmals, weil sie ihn nicht gleich begriffen haben.
>
> Omraam Mikhaël Aïvanhov

Sommermenü 2

Suppenkoalition rot-grün

Polenta mit Zuckerschoten und Frühlingszwiebeln

Kokoscreme

SOMMERMENÜ 2

Suppenkoalition rot-grün
Polenta mit Zuckerschoten und Frühlingszwiebeln
Kokoscreme

Suppenkoalition rot-grün

Zwei farblich unterschiedliche Suppen werden zugleich aus zwei Kännchen von links und rechts in die Suppenteller gegossen, ohne sich zu vermischen. Auf dem Foto eine rohköstliche Suppe aus jungen Erbsen und eine rohköstliche Karotten-Ingwer-Suppe.

Einfacher geht's nicht! Und diese Koalition klappt unter Garantie! Andere Suppenkoalitionen wären zum Beispiel: Rote-Bete-Suppe und Kürbissuppe, Brokkolisuppe und Currysuppe.

ROHE ERBSENSUPPE

400 g junge Erbsen (evtl. tiefgefroren)
½ l kräftige Gemüsebrühe
(besonders gut mit Streuwürze)

Erbsen mit der **Gemüsebrühe** pürieren.

ROHE KAROTTEN-INGWER- SUPPE

4 mittelgroße Karotten
1 Stück frischer Ingwer
½ l kräftige Gemüsebrühe (besonders gut mit Streuwürze)
etwas Zitronensaft

Karotten und **Ingwer** fein reiben, mit Gemüsebrühe und Zitronensaft mixen.

Wenn die Gemüsebrühe erwärmt wird – nicht über 40 Grad –, gelten diese rohen Suppen auch unter strengen Rohköstlern als rohköstlich!

Sie können beide Suppen natürlich auch kurz aufkochen.

SOMMERMENÜ 2

Suppenkoalition rot-grün
Polenta mit Zuckerschoten und Frühlingszwiebeln
Kokoscreme

Polenta mit Zuckerschoten und Frühlingszwiebeln

POLENTA

- 1,2 l kräftige Gemüsebrühe
- 400 g Maisgrieß
- Kokosöl
- Hefeflocken (nach Bedarf)

Gemüsebrühe aufkochen und unter ständigem Rühren den **Maisgrieß** einrieseln lassen. Es entsteht ein fester »Kloß«, den man immer wieder mit dem Kochlöffel vom Boden lösen muss (Dauer ca. 10 Minuten – das erklärt vielleicht die Oberarmmuskeln der italienischen Mammas, siehe Seite 63).

Die Masse fingerdick als Rechteck auf eine mit kaltem Wasser abgespülte Platte streichen und abkühlen lassen.

In Rauten, Rechtecke oder Taler schneiden und in **Kokosöl** knusprig braten. (Nach Geschmack mit Hefeflocken bestreuen.)

Mit den **Zuckerschoten** und **Frühlingszwiebeln** servieren.

ZUCKERSCHOTEN UND FRÜHLINGSZWIEBELN

- 500 g Zuckerschoten
- 10 bis 20 (je nach Dicke) Frühlingszwiebeln
- 2 EL Öl
- 0,2 l Gemüsebrühe
- 1 TL Estragonessig
- 1 TL gehackter Estragon
- evtl. Kräutersalz
- Pfeffer

Zuckerschoten und **Frühlingszwiebeln** in **Öl** dünsten.

Mit **Gemüsebrühe** ablöschen und **Estragonessig** einrühren.

Bissfest dünsten. **Estragon** zugeben. Mit **Kräutersalz** und **Pfeffer** abschmecken.

SOMMERMENÜ 2

Suppenkoalition rot-grün
Polenta mit Zuckerschoten und Frühlingszwiebeln
Kokoscreme

Kokoscreme

- **Reisbrei***
- **3 EL Cashewsahne***
- **2 bis 3 Datteln**
- **100 g Kokosflocken**
- **3 EL gehackte Mandeln**
- **2 EL Vanillerum***
- **2 EL gehackte Pistazien**

Cashewsahne und **Datteln** mixen, dann **Kokosflocken** und **Mandeln** unterrühren. Mit dem **Reisbrei** mischen.

Die Creme in Dessertgläser füllen und kalt stellen.

Vanillerum drüberträufeln und mit **Pistazien** bestreuen.

> *W*er will, dass die Welt so bleibt,
> wie sie ist, will nicht, dass sie bleibt.
>
> Erich Fried

Apropos Polenta!

In einer Bar in Venedig unterhielten sich beim Aperitif zwei italienische Männer über das Essen. Es ging um die Polenta. »Meine Mutter macht eine gute Polenta!«, sagte der erste. »Meine Mutter macht eine sehr gute!«, antwortete der zweite. Darauf der erste: »Meine Mutter rührt eine halbe Stunde und hat so einen Arm!« Er winkelte den Unterarm an und demonstrierte den trainierten Oberarmmuskel der Mamma. Darauf der andere: »Meine Mutter rührt eine Dreiviertelstunde und hat so einen Arm!« Es folgte die entsprechende Oberarmmuskel-Demonstration dieser Mamma.

Rühren, rühren und nochmals rühren, darum geht es bei der Polenta, denn sie brennt leicht an. Es soll eine »feine, knusprige Haut an der Topfinnenwand entstehen«, erklärt mir Dora, die lange in Italien gelebt und mit Freunden eine Polenta auf offenem Feuer zubereitet hat, für deren Gelingen — abwechselnd — zwei Stunden gerührt wurde. Polenta kann warm oder kalt gegessen werden. Von Dora stammt folgender Auflauf, zu dem Sie Reste übrig gebliebener Polenta verarbeiten können:

1 Schicht Polenta, 1 Schicht mit Zwiebeln gedünstete Pilze, 1 Schicht Tomatensoße, mit Käse (VeganerInnen nehmen Hefeflocken) bestreuen und im Ofen überbacken.

Sommermenü 3

Bunter Sommersalat
Überbackene Zucchini mit Grilltomate
und Weizenrisotto
Avocadocreme

SOMMERMENÜ 3

Bunter Sommersalat
Überbackene Zucchini mit Grilltomate und Weizenrisotto
Avocadocreme

Bunter Sommersalat

1 Tasse Maiskörner

250 g Zuckerschoten

4 Tomaten

1 Avocado

½ rote und ½ gelbe Paprikaschote

½ Kopf grüner Salat

1 EL süßer Senf

Öl nach Belieben

2 EL Tomatenmark

1 EL Sojasoße (Tamari)

Kräutersalz

Zitronensaft

gehackte Kräuter und verschiedene Keimlinge zum Bestreuen (zum Beispiel aus Mungbohnen, Kresse, Alfalfa, Radieschen), junge Löwenzahnblätter

Mais und **Zuckerschoten** bleiben ganz.

Die **Tomaten** würfeln.

Aus der **Avocado** mit einem Kugelausstecher Kugeln stechen. **Paprikaschoten** in Streifen schneiden. **Salatkopf** waschen und zerkleinern.

Für die Soße **Senf** und **Öl** verrühren. Wenn eine feste Masse entstanden ist, mit **Tomatenmark**, **Sojasoße** und den restlichen Zutaten abschmecken.

Auf den **Salat** geben.

Die gehackten **Kräuter, Keimlinge** und fein geschnittenen **Löwenzahnblätter** drüberstreuen.

SOMMERMENÜ 3

Bunter Sommersalat
Überbackene Zucchini mit Grilltomate und Weizenrisotto
Avocadocreme

Überbackene Zucchini mit Grilltomate

4 mittelgroße Zucchini
Streuwürze*
Pfeffer
Saft von ½ Zitrone
150 g grob geschnittene Shiitakepilze
75 g Mandelstifte
6 EL Cashewsahne*
Flockenmix*
4 Tomaten
Salz
Öl zum Bestreichen
Basilikumblättchen

Zucchini längs halbieren und in eine gut gefettete Auflaufform setzen.

Mit **Streuwürze**, **Pfeffer** und **Zitronensaft** würzen.

Shiitakepilze, **Mandelstifte** und **Cashewsahne** mischen und auf die Zucchini verteilen.

Mit **Flockenmix** bestreuen.

Tomaten kreuzweise einschneiden, mit **Salz** und **Pfeffer** würzen, mit **Öl** bepinseln und **Basilikum** drüberstreuen.

Zu den **Zucchini** in die Form setzen.

Im vorgeheizten Backofen bei ca. 200 °C 10 bis 15 Minuten backen, bis die **Zucchini** goldbraun sind.

WEIZENRISOTTO

400 g Weizen
1 ½ l Wasser
Streuwürze*
Pfeffer
1 Lorbeerblatt
1 Zwiebel
1 Stück Knollensellerie
1 EL Öl
gehackte Petersilie zum Garnieren

Weizen über Nacht im Wasser quellen lassen.

Gewürze, klein geschnittene **Zwiebel** und **Sellerie** im **Öl** bissfest dünsten, zu dem **Weizen** geben, aufkochen und ca. 40 Minuten köcheln lassen.

Den **Weizen** in ein Sieb schütten und trocken schwenken.

Mit **Petersilie** bestreuen.

SOMMERMENÜ 3

Bunter Sommersalat
Überbackene Zucchini mit Grilltomate und Weizenrisotto
Avocadocreme

Avocadocreme

- 1 Avocado
- Saft von 1 Zitrone
- 2 EL zermuste Banane
- 1 Prise Zimt
- 200 g Cashewsahne*
- 4 Orangenscheiben

Und den täglichen Löffel Leinöl nicht vergessen! Leinöl versorgt uns mit den dringend benötigten Omega-3-Fettsäuren. Dafür brauchen wir keine Fische. Lasst die Fische leben!

Das Fruchtfleisch der **Avocado** mit **Zitronensaft**, **Banane** und **Zimt** pürieren. Die **Cashewsahne** unterziehen, in 4 Portionsgläser füllen und jedes mit einer **Orangenscheibe** dekorieren.

Sommermenü 4

Spinat-Champignon-Salat

Quiche

Bananeneis auf Himbeerspiegel

SOMMERMENÜ 4

Spinat-Champignon-Salat
Quiche
Bananeneis auf Himbeerspiegel

Spinat-Champignon-Salat

- **500 g ganz junge Spinatblätter**
- **500 g zarte Champignons**
- **2 EL Zitronensaft**
- **1 Zwiebel**
- **2 bis 3 EL Sonnenblumenöl**
- **Kräutersalz**
- **Pfeffer**

Spinatblätter waschen, gut abtropfen lassen und auf einer Platte anrichten. **Champignons** in dünne Scheiben schneiden, auf den **Spinatblättern** verteilen und sofort mit einem Esslöffel **Zitronensaft** beträufeln.

Zwiebel würfeln und im **Öl** andünsten.

Vom Herd nehmen und mit dem restlichen **Zitronensaft**, **Salz** und **Pfeffer** würzen.

Die Mischung über **Spinat** und **Pilze** gießen.

Quiche

Eine Quiche (ausgesprochen kisch) ist ursprünglich ein französisches Bauernessen. Quiche heißt Torte. Der Boden einer Quiche besteht aus Mürbe- oder Blätterteig, darauf kommt, was man an Gemüse im Haus hat: Zucchini, Auberginen, Lauch, Spinat, Paprika, Pilze etc. und – bei »Normalessern« – ein Guss aus Eiern, Käse und Sahne. Veganer haben ja dazu ihre Alternativen! Die Quiche wird im Ofen gebacken und heiß oder kalt verzehrt.

Meine erste Quiche, die Quiche Marseille, habe ich gegessen, als ich den Film »Das Zweite Leben« mit Michel Auclair drehte. Bei den Franzosen sind – oder waren damals jedenfalls – die Drehzeiten sehr human, zweifellos aus Rücksicht auf die Schönheit der Frauen. Da muss man nicht morgens um fünf aufstehen wie bei uns. Wir begannen um 11.30 Uhr, und zwar gleich mit einem üppigen Mittagessen. Auf einer Wiese waren lange Tische aufgestellt, es duftete nach wildem Thymian, Lavendel und Knoblauch. Der Koch Maurice servierte diese köstliche Quiche – und einen wunderbaren Landwein! Gearbeitet wurde trotzdem oder gerade deshalb vergnügt und bis in die Nacht hinein.

Hier nun die abgespeckte vegane Variante der Quiche Marseille von Maurice.

SOMMERMENÜ 4

Spinat-Champignon-Salat
Quiche
Bananeneis auf Himbeerspiegel

FÜR DEN BODEN:

- 250 g Dinkel, fein gemahlen
- 250 g Cashewsahne*
- 1 EL Kichererbsenmehl
- ca. ⅛ l kohlensäurehaltiges Mineralwasser
- ca. 1 bis 2 TL Kräutersalz
- etwas Paprikapulver

FÜR DEN BELAG:

- 4 Tomaten
- 1 Zwiebel
- 1 bis 2 EL Öl
- 250 g Champignons oder Shiitakepilze
- 250 g Zucchini
- 1 große Aubergine
- 2 Paprikaschoten
- Kräutersalz
- Pfeffer

FÜR DEN GUSS:

- Muskat
- Kräutersalz
- Pfeffer
- Schnittlauch
- Petersilie
- 4 bis 6 EL Cashewsahne*
- 100 g (oder mehr) Flockenmix*

Dinkel, **Cashewsahne**, **Kichererbsenmehl**, **Mineralwasser**, **Kräutersalz** und **Paprikapulver** verkneten. Den Teig gut 30 Minuten kühl gestellt ruhen lassen.

Eine Springform einölen, den Teig ausrollen und die Form damit auskleiden.

Die **Tomaten** brühen, abziehen, würfeln und auf dem Tortenboden verteilen.

Zwiebel fein hacken, in dem **Öl** golden dünsten.

Die in grobe Stücke geschnittenen **Pilze** und das übrige klein geschnittene **Gemüse** zugeben, mit **Kräutersalz** und **Pfeffer** würzen, weiterdünsten, abkühlen lassen und anschließend auf dem Quicheboden verteilen.

Aus den **Gewürzen**, gehackten **Kräutern**, **Cashewsahne** und **Flockenmix** den Guss bereiten und drübergießen.

SOMMERMENÜ 4

Spinat-Champignon-Salat
Quiche
Bananeneis auf Himbeerspiegel

Die Quiche, je nach Art des Belages, 35 bis 60 Minuten im vorgeheizten Ofen bei 200 °C backen.

Wenn Sie die Quiche aus dem Ofen nehmen, etwas abkühlen lassen, bevor Sie sie anschneiden, damit der Teig nicht bricht.

Bananeneis auf Himbeerspiegel

4 mittelgroße Bananen
250 g Cashewsahne*
Himbeeren und Himbeergeist (Menge nach Belieben)

Die **Bananen** in Bananenstückchen schneiden und einfrieren.

Die gefrorenen **Bananenstückchen** mit **Cashewsahne** (im Verhältnis 1 zu 1, also mit etwa 250 g Cashewsahne) mixen. Dazu braucht man ein kräftiges Gerät wie Blitzhacker oder Cutter.

Himbeeren mit **Himbeergeist** pürieren und das Bananeneis darauf anrichten.

Auf Sardinien gab's eine Mangoldquiche. Die Mangoldquiche wurde für jeden extra gebacken, in einer kleinen feuerfesten Form, und auch so, dampfend heiß, serviert. Sie können eine Quiche auch mit gedünsteten Champignons, gedünstetem Blattspinat, den ich natürlich mit Knoblauch und Muskat abschmecke, oder mit gedünsteten Artischocken belegen.

TIPP

Schon mal einen Smoothie probiert?

Buchstäblich in aller Munde ist seit Neuestem der Smoothie: laut Wikipedia englisch smooth = fein, gleichmäßig, cremig, eine aus dem US-Amerikanischen stammende Bezeichnung für sogenannte Ganzfruchtgetränke (im Gegensatz zum Saft, bei dem es sich ja um ein Teilprodukt handelt).

Der Smoothie sollte möglichst viel grüne Blätter enthalten, speziell Wildkräuter, denn der Mensch braucht Chlorophyll. Ich kaue gern, meine Geschmacksknospen lieben es, die unterschiedlichen Zutaten im Salat einzeln zu schmecken. Insofern bin ich nicht der Smoothie-Freak, aber wenn es schnell gehen muss, mixe ich mir auch mal ruckzuck meinen Fitnesscocktail, mit allem, was Küche und Garten gerade bieten. Hier zwei meiner brandneuen Kreationen:

Ich mixe (die Menge jeder Zutat variiert nach Lust und Laune): Cashewkerne, Wasser, Blätter von Brennnessel, Giersch, Scharbockskraut, Löwenzahn und Schafgarbe, Gänseblümchen, Linsenkeimlinge, 1 Stück Banane oder ein paar Rosinen, Sonnenblumenkerne, 1 Teelöffel Miso, eine Prise Chili, etwas Zitronensaft, eventuell Schnittlauch oder etwas Knoblauch. Habe ich das Bedürfnis nach etwas Warmem, erhitze ich das Wasser (nicht über 40 Grad), bevor ich es mit den übrigen Zutaten mixe. So habe ich einen warmen und dennoch rohköstlichen Smoothie, in dem alle Vitamine enthalten sind.

Besonders köstlich der Smoothie aus Kohlrabi- und Brennnesselblättern, Sonnenblumenkernen, Mungbohnenkeimlingen, gepopptem Amaranth, Erdbeeren und Ananassaft. Aus einem Rest wurde im Nu ein pikanter rohköstlicher Dip zu Kichererbsen-Crêpes – durch die Zugabe von grüner Thai-Currypaste, die ich im Kühlschrank entdeckte.

Es macht einfach Spaß, der Fantasie freien Lauf zu lassen, auch wenn's mal danebengeht.

Sommermenü 5

Radieschenrohkost

Gefüllte Tomaten

Rote Grütze mit Cashewsahne

SOMMERMENÜ 5

Radieschenrohkost
Gefüllte Tomaten
Rote Grütze mit Cashewsahne

Radieschenrohkost

2 Radieschen
1 kleiner Kopfsalat
1 Eichblattsalat
4 EL Mais
⅛ l Cashewsahne*
1 EL süßer Senf
Öl nach Belieben
1 EL Tomatenmark
1 EL Sojasoße
Kräutersalz
Saft von ½ Zitrone
Pfeffer

Radieschen in dünne Scheiben schneiden.

Den **Salat** gründlich waschen und zerkleinern.

Mit dem **Mais** mischen.

Die restlichen **Zutaten** zu einer **Soße** rühren und über den **Salat** gießen.

Gefüllte Tomaten

Gefüllte Tomaten, immer wieder anders — wunderbar geeignet für die Verwendung von Resten.

Das Prinzip ist immer gleich: Von großen, reifen Fleischtomaten schneidet man einen Deckel ab, höhlt sie mit einem Löffel aus, beträufelt sie innen mit ein paar Tropfen Zitronensaft, bestreut sie mit Streuwürze oder Kräutersalz und Pfeffer — natürlich frisch aus der Mühle — und füllt sie mit irgendeinem Schmankerl.

Je nach Füllung werden sie roh verzehrt (dazu sollten sie ein bisschen durchziehen) oder im Ofen in einer Auflaufform (oder in der Pfanne auf dem Herd bei geschlossenem Deckel) gebacken.

Wenn ich sie backe, verrühre ich das herausgelöffelte Tomateninnere mit Streuwürze oder Kräutersalz, Pfeffer, Knoblauch, Cashewsahne und einem Spritzer Zitronensaft und gebe dies zu den backenden Tomaten in die Pfanne bzw. Auflaufform. Sie werden dann mit dieser Soße, die ich mit Oregano oder Basilikum würze, serviert.

SOMMERMENÜ 5

Radieschenrohkost
Gefüllte Tomaten
Rote Grütze mit Cashewsahne

Hier einige Vorschläge für Füllungen:

- kurz gedünsteter, klein geschnittener Blattspinat
- fertiger Risotto
- kurz in Öl gedünstete Pilze
- gekochter, pikant abgeschmeckter Grünkern mit Flockenmix bestreut überbacken
- Kartoffelpüree pikant abgeschmeckt mit fein gehackten Kräutern wie Petersilie, Schnittlauch, Dill, Muskatblüte – mit Flockenmix überbacken
- Rosinenreis mit Pinienkernen – mit Flockenmix überbacken
- gedünsteter Lauch (in zentimetergroße Stücke geschnitten, mit Muskatblüte abgeschmeckt) – mit Flockenmix überbacken
- Rosenkohl mit Muskatblüte abgeschmeckt, mit Mandelblättchen bestreut

Sicher fallen Ihnen auch noch zig Varianten ein. Und kombinieren können Sie die gefüllten Tomaten mit einem Kartoffel- oder Reisgericht, einem warmen Dinkelfladen oder, oder, oder …

Genauso lassen sich Paprikaschoten füllen. Diese am besten längs aufschneiden.

SOMMERMENÜ 5

Radieschenrohkost
Gefüllte Tomaten
Rote Grütze mit Cashewsahne

Rote Grütze mit Cashewsahne

Aus meiner Zeit in Dänemark mitgebracht: rote Grütze mit Sahne – die unaussprechliche »röd gröd med flöde« – wobei alle »ds«, ähnlich wie das englische »th« ausgesprochen werden, nur noch weicher!

1 kg gemischte Beeren (z. B. Himbeeren, Johannisbeeren, Erdbeeren) oder entsteinte Kirschen
etwas zermuste Banane zum Süßen
½ TL Vanille
1 l Fruchtsaft (z. B. Holundersaft)
2 Päckchen Agar-Agar
Cashewsahne* zum Servieren

Beeren bzw. **Kirschen** waschen und putzen (große eventuell teilen) und in eine Schüssel geben.

Banane und **Vanille** zugeben. Agar-Agar nimmt etwas vom Geschmack weg, deshalb kräftig abschmecken.

Fruchtsaft mit **Agar-Agar** erhitzen (Verpackungshinweis beachten) und über die **Früchte** gießen. Die **Grütze** erstarren lassen.

Mit der **Cashewsahne** servieren.

Eine raffinierte Variante, die sehr hübsch aussieht:

Eine Lage der gesüßten und mit Vanille abgeschmeckten Früchte in eine mit kaltem Wasser ausgespülte Glasschüssel geben, einen Teil der Agar-Agar-Flüssigkeit drübergießen, in den Kühlschrank stellen, bis die Lage fest ist (restliche Agar-Agar-Flüssigkeit warm halten). Dann die nächste Lage Früchte in die Schüssel geben, wieder eine Schicht Agar-Agar-Fruchtsaft drübergießen und so weiter, bis Früchte und Agar-Agar aufgebraucht sind. Im Kühlschrank erstarren lassen.

Vor dem Servieren die Form kurz in warmes Wasser stellen und stürzen.

Und unbedingt die Mengenangaben befolgen. Auch der Säuregrad der Früchte spielt eine Rolle.

Sommermenü 6

Tzatziki
Hirse-Gemüse-Pfanne
Mangocreme

SOMMERMENÜ 6

Tzatziki
Hirse-Gemüse-Pfanne
Mangocreme

Tzatziki

- 2 ½ Tassen Sonnenblumenkerne
- 2 EL Olivenöl
- 3 EL Zitronensaft
- 1 TL Streuwürze* oder Kräutersalz
- ½ Gurke
- Dill und/oder Pfefferminze nach Geschmack
- 1 Knoblauchzehe

Sonnenblumenkerne über Nacht einweichen und gründlich abspülen.

Mit **Öl**, **Zitronensaft** und **Salz** zu einer glatten, dicken Creme mixen (evtl. etwas Wasser zugeben).

Die **Gurke** raspeln.

Frischen **Dill** und/oder **Pfefferminze** klein schneiden. Alles unter die **Creme** heben. Kalt stellen.

Falls ein paar Gurkenscheiben übrig bleiben, gönnen Sie sich eine Siesta nach dem Essen und legen sich die Gurkenscheiben auf das Gesicht – das strafft! (Mit Botox konkurrieren kann die Gurke allerdings nicht …)

Übrigens gilt auch für die im Handel erhältliche Kosmetik, dass vegan nicht unbedingt bio ist – und umgekehrt. Bitte unbedingt nachfragen!

Hirse-Gemüse-Pfanne

- Hirsebrei*
- 1 Zwiebel
- 2 EL Olivenöl
- 1 Lorbeerblatt
- Knoblauch
- Salbeiblätter und Rosmarinnadeln nach Geschmack
- Pfeffer
- ca. 500 g Gemüse, zum Beispiel Möhren, junge Erbsen, Lauch, Spinatblätter, Rosenkohl, Blumenkohlröschen, Champignons
- ½ l Gemüsebrühe
- Flockenmix*
- gehackte Petersilie zum Bestreuen

Die gehackte **Zwiebel** im **Öl** anbraten, **Kräuter** und **Gewürze** zugeben und kurz mitbraten, dann das zerkleinerte **Gemüse** zufügen, ebenfalls kurz mitdünsten und mit der **Gemüsebrühe** ablöschen. Bissfest garen.

Mit dem warmen **Hirsebrei** mischen und mit **Flockenmix** und viel gehackter **Petersilie** bestreuen.

Weitere Hirsevariationen für Hirn, Herz und Humor:

Fertigen Hirsebrei mit gebratenen Pilzen mischen, mit Sojasauce abschmecken und mit Petersilie bestreuen.

SOMMERMENÜ 6

Tzatziki
Hirse-Gemüse-Pfanne
Mangocreme

Hirsebrei mit gehackten Zwiebeln, Kreuzkümmel und Curry in Olivenöl braten.

Hirsebrei in gedünstete ausgehöhlte Kohlrabi, Tomaten, Gurken, Paprikaschoten, Piroggen füllen oder in Mangoldblätter wickeln, in einer Auflaufform mit Flockenmix überbacken; dazu eine der Soßen von Seite 13 aus dem Kapitel »Grundrezepte«.

Hirsebrei süß mit Zimt und Pflaumenmus servieren.

Last but not least und sehr vornehm kommt die Hirse als Hirsetimbal im Gemüsebett. Den Hirsebrei in mit kaltem Wasser ausgespülte Timbalförmchen oder -ringe auf die vorgewärmten Teller drücken, Förmchen stürzen bzw. Ringe entfernen.

Daneben das gegarte Gemüse drapieren (z. B. Möhren, Lauch, Zwiebeln).

Übrigens: Obwohl wir nur geschälte Hirse verwenden, weil die ungeschälte ungenießbar ist, enthält die geschälte immer noch fast viermal so viel Kieselsäure wie Weichweizen! Wichtig für Knochen, Haare, Haut und Zähne. Auch Fluor befindet sich im Inneren des Hirsekorns.

Kurz, die Hirse ist ein Wunderkorn!

Wie Hirse kann auch Quinoa verarbeitet werden.

Mangocreme

Für diese Creme eignen sich sowohl frische wie getrocknete Mangoschnitze. In »meinem« Laden gibt's solche aus Afrika. Durch unseren Kauf unterstützen wir den dortigen ökologischen Anbau und fairen Handel. Sie werden reif geerntet und schonend getrocknet. Und schmecken ...

2 große Mangos (getrocknete Mangoschnitze der Menge entsprechend; diese über Nacht in genügend Wasser einweichen)
½ l Cashewsahne*
1 Spur Naturvanille-Pulver

Mango/Mangoschnitze mit den übrigen **Zutaten** zu einer **Creme** mixen.

Kennen Sie die Geschichte vom hundertsten Affen? Forscher studierten das Verhalten von Affen auf einer Insel. Die Affen liebten Süßkartoffeln, mochten aber nicht den daran haftenden Sand. Ein Affenmädchen kam auf die Idee, die Kartoffeln am nahen Fluss zu waschen. Nach einer gewissen Zeit wuschen auch die anderen Affen auf der Insel ihre Kartoffeln. Und dann passierte es: Als der — sagen wir mal — hundertste Affe seine Kartoffeln gewaschen hatte, sprang der Funke dieser Idee über auf sämtliche umliegenden Inseln. Fortan wuschen alle Affen aller Inseln vor dem Verzehr ihre Kartoffeln!

Ich vertraue auf einen ähnlichen Quantensprung auch in anderen Bereichen, z. B. im Hinblick auf die vegane Lebensweise.

Bunt sind schon die Wälder,
Gelb die Stoppelfelder
Und der Herbst beginnt.
Bunte Blätter fallen,
Graue Nebel wallen,
Kühler wehet der Wind.

HERBSTLIED VON JOHANN GAUDENZ FRHR. V. SALIS-SEEWIS

Herbstmenüs

1
Roher Spinatsalat mit Knoblauch-Walnuss-Soße und gerösteten Pinienkernen,
Artischocken alla Romana,
Mousse au chocolat

2
Bunter Herbstsalat mit Kapuzinerkresse,
Kohlrouladen mit pikanter Füllung an Kapernsoße,
Crêpes mit blauen Weintrauben

3
Roher Selleriesalat,
Borschtsch mit Meerrettichschaum,
In Kokosöl gebratene Bananen

4
Hoummous auf
Chicoréeblättern,
Kartoffel-Blumenkohl-
Tomaten-Auflauf,
Birnen in Rotwein-
Vanillerum-Marinade

5
Waldorfsalat,
Maiskugeln auf Spinat
mit Möhren,
Obstspießchen und
Chilischote im
Schokomantel

6
Posteleinsalat mit Mung-
bohnenkeimlingen und
Granatapfelkernen,
Gefüllte Mangoldröllchen
auf Kurkumasoße,
Moccacreme, Ingwertee oder
indianischer Liebestrank

»Dies ist der Herbst – der bricht dir noch das Herz …«, schreibt Friedrich Nietzsche. Und Rainer Maria Rilke: »Wer jetzt kein Haus hat, baut sich keines mehr. Wer jetzt allein ist, wird es lange bleiben …«

Das sind eher melancholische Gedanken zum Thema Herbst, den ich trotz oder gerade wegen seiner wehmütigen Grundstimmung besonders liebe. Auch den November liebe ich, mit seinem verhangenen grauen Himmel, seinem Regen, den Stürmen, der Kahlheit der Natur. Alles sieht so ordentlich aus: Felder und Gärten sind abgeerntet, Gemüse und Früchte und Blumenknollen für den kommenden Frühling sorgsam und winterfest gelagert; das Vogelhäuschen ist aufgestellt, gefüllt mit Leckerbissen für meine gefiederten Freunde, die mich monatelang mit den herrlichsten Konzerten erfreut haben.

Als Kinder haben wir um diese Zeit Nelkenschweine gebastelt: In eine Zitrone bohrt man Löcher, in jedes Loch wird eine Nelke gesteckt; das Schwein bekam Beine aus Streichhölzern, einen Schwanz aus Lakritze und in der Schnauze aus Nelken steckte ein Pfennig als Glücksbringer.

So ein Nelkenschwein duftet nicht nur angenehm aromatisch, es desinfiziert auch die Luft. Den Nelken – getrocknete Blütenknospen des auf den Molukken wachsenden Gewürznelkenbaumes – wird eine stark bakterientötende Wirkung zugeschrieben. Es heißt, dass die einheimische Bevölkerung krank wurde, als man einmal aus Profitgier fast alle Nelkenbäume abgeholzt hatte.

Automatisch wird sich Ihr Körper im Herbst und Winter nach schwererem, vielleicht auch fetterem Essen sehnen. Diesem Bedürfnis sollten Sie ruhig nachgeben und in Gewürzen schwelgen. Frisch gemahlener Pfeffer, besonders der grüne, ist so vitaminreich, dass er die viel gepriesene Orange bei Weitem in den Schatten stellt. Auch der den ganzen Körper tonisierende Ingwer, Muskatnuss und Gelbwurz sind ideale Wintergewürze, da sie Hitze erzeugen.

Wie in den anderen Jahreszeiten bedienen wir auch im Herbst unseren Speisezettel vor allem mit unseren einheimischen Gemüsen. Da sind: Rote Bete, Kohl, Möhren, Sellerie, Lauch, Kartoffeln, Sauerkraut, Hülsenfrüchte. Einmal täglich gibt es selbst gezogene Keimlinge, dazu getrocknete Brennnesseln, die ich über Suppen und Gemüsegerichte streue. Eine Fundgrube an Mineralien!

In der Stadt duftet es nach gebrannten Mandeln, nach Glühwein. Der Maronibrater hat seinen Stand aufgestellt. Das liebe ich, in der klirrenden Kälte die heißen Maroni aus der Tüte zu essen. Auf dem Markt decke ich mich mit Walnüssen ein. Natürlich kaufe ich sie mit der Schale. Das gehört auch zum Herbst: das Nüsseknacken, ebenso wie der Bratapfel. Apfel, Nuss und Mandelkern mögen (nicht nur) alle Kinder gern!

All dies ist auch der Herbst – und der wärmt dir das Herz.

Herbstmenü 1

Roher Spinatsalat mit Knoblauch-Walnuss-Soße und gerösteten Pinienkernen

Artischocken alla Romana

Mousse au chocolat

HERBSTMENÜ 1

Roher Spinatsalat mit Knoblauch-Walnuss-Soße
und gerösteten Pinienkernen
Artischocken alla Romana
Mousse au chocolat

Roher Spinatsalat mit Knoblauch-Walnuss-Soße und gerösteten Pinienkernen

- **2 Handvoll junger Spinat**
- **2 Knoblauchzehen**
- **125 g gehackte Walnüsse**
- **6 bis 8 EL Öl**
- **gehackte Kräuter nach Geschmack**
- **Kräutersalz**
- **Pfeffer**
- **2 EL Pinienkerne**

Den jungen **Spinat** gut waschen, er kann mit den Würzelchen gegessen werden.

Knoblauch und **Walnüsse** pürieren.

Tropfenweise unter Rühren das **Öl** hinzufügen, bis die Soße dick wird. Gehackte **Kräuter** zufügen, mit **Kräutersalz** und **Pfeffer** abschmecken.

Pinienkerne in der Pfanne ohne Fett kurz rösten und mit der Soße über den **Spinat** geben.

Artischocken alla Romana

Die Artischocke ist eine Wonne für Gaumen und – Leber!

Als wahrhaft königliches Gemüse war die Artischocke in früheren Zeiten dem Adel vorbehalten. Schon an den Wänden ägyptischer Pharaonengräber findet man Zeichnungen dieser mit der Distel verwandten Pflanze. Im Mittelalter soll sie dann nach Europa gekommen sein und wird vor allem in den Mittelmeerländern angebaut, mittlerweile jedoch auch in unseren Breitengraden. Inzwischen ist sie auch erschwinglicher geworden.

Und was sie uns alles Gutes schenkt: die Vitamine C, E und verschiedene der B-Gruppe, Betakarotin, viele Mineralien und Spurenelemente wie Kupfer und Mangan, Eisen, Kalzium für die Knochen und Magnesium für unsere Nerven und natürlich das Cynarin, Grundstoff des Magenbitters Cynar, der den Gallenfluss anregt und deshalb gern als Aperitif getrunken wird.

HERBSTMENÜ 1

Roher Spinatsalat mit Knoblauch-Walnuss-Soße
und gerösteten Pinienkernen
Artischocken alla Romana
Mousse au chocolat

Man muss sich nur an die spröde Dame herantrauen. Die übliche Zubereitungsart geht so: Stiel abschneiden, Artischocke in Salzwasser mit Zitronensaft kochen (dauert je nach Größe 25 bis 45 Minuten). Sie ist gar, wenn sich ein Blättchen leicht abzupfen lässt.

So Blatt für Blatt abzupfen, den unteren fleischigen Blatteil in eine Vinaigrette tauchen und »durch die Zähne ziehen«, auch »abzuzeln« genannt. Wenn alle Blätter auf diese Weise bewältigt sind, gelangt man an das sogenannte »Heu«, das ist ungenießbar und wird weggeworfen. Nun kommt der beste Teil: der Blütenboden. Der wird ebenso in die Vinaigrette getaucht und verspeist.

Die Zubereitung alla Romana ist etwas aufwendiger, das Ergebnis jedoch äußerst delikat. Ein tolles Essen für Gäste. Wir haben die einzelnen Schritte fotografiert, sodass Sie sie mühelos nachvollziehen können.

HERBSTMENÜ 1

Roher Spinatsalat mit Knoblauch-Walnuss-Soße
und gerösteten Pinienkernen
Artischocken alla Romana
Mousse au chocolat

8 junge Artischocken
Zitronensaft
Salz
2 EL Semmelbrösel
5 EL Olivenöl
2 EL gehackte Minze oder Petersilie oder andere Kräuter
Pfeffer aus der Mühle
300 ml Gemüsebrühe
Zitronenspalten zum Garnieren

Die äußeren holzigen **Blätter** der **Artischocken** entfernen. Die Spitzen der übrigen **Blätter** großzügig (ca. zwei Drittel) abschneiden. **Stiel** ebenfalls abschneiden, schälen und das holzige Ende entfernen.

Schnittflächen sofort mit **Zitronensaft** beträufeln.

Blätter etwas auseinanderziehen, mit einem Kugelausstecher das Heu herauslöffeln.

In einem großen Topf reichlich **Salzwasser** aufkochen, **Artischocken** hineinlegen, einige Minuten köcheln, dann herausnehmen und kopfüber abtropfen lassen.

HERBSTMENÜ 1

Roher Spinatsalat mit Knoblauch-Walnuss-Soße
und gerösteten Pinienkernen
Artischocken alla Romana
Mousse au chocolat

Semmelbrösel mit **Olivenöl**, gehackter **Minze**, **Salz** und **Pfeffer** vermengen und in das Innere der **Artischocken** füllen.

Artischocken in eine Auflaufform geben, die Stiele danebenlegen.

Gemüsebrühe zugießen und abgedeckt eine knappe Stunde im vorgeheizten Backofen bei 180 °C backen.

Mit **Zitronenspalten** dekorieren.

Dazu passt ein knuspriges Baguette oder — Bratkartoffeln! In dieser Kombination der absolute Hit in meinem Lieblingsrestaurant.

Mousse au chocolat

250 g Cashewsahne*

½ bis 1 zermuste Banane zum Süßen

2 EL Kakao

1 Spritzer Zitronensaft

1 Prise Salz

½ bis 1 TL Zimt

Alle Zutaten zu einer Creme mixen.

Herbstmenü 2

Bunter Herbstsalat mit Kapuzinerkresse
Kohlrouladen mit pikanter Füllung an Kapernsoße
Crêpes mit blauen Weintrauben

HERBSTMENÜ 2

Bunter Herbstsalat mit Kapuzinerkresse
Kohlrouladen mit pikanter Füllung an Kapernsoße
Crêpes mit blauen Weintrauben

Bunter Herbstsalat mit Kapuzinerkresse

FÜR DEN SALAT:

4 Möhren
1 Sellerie
4 Äpfel
200 g Kürbis
100 g junge Spinatblätter
1 EL Rosinen
1 EL grob gehackte Mandeln oder Haselnüsse
1 EL Kürbiskerne
einige Kapuzinerkresseblüten und -blättchen

FÜR DIE SOSSE:

300 g Cashewsahne*
1 EL Meerrettich
1 EL Zitronensaft
1 TL Senf
Kräutersalz
Pfeffer

Möhren und **Sellerie** getrennt fein raffeln.

Äpfel in Spalten schneiden.

Kürbis mittelfein raffeln.

Gemüse, **Apfelspalten** und **Spinatblätter** in kleinen Häufchen auf 4 Tellern anrichten.

Möhren mit **Rosinen**, **Sellerie** mit **Nüssen**, **Kürbis** mit **Kürbiskernen** bestreuen.

Alles mit den **Kapuzinerkresseblüten** verzieren.

Zutaten für die Soße verrühren. Einen Klacks davon in die Mitte jedes Salattellers setzen.

*Die Heilpraktikerin Angelika Gräfin von Wolfskeel mischt Äpfel nicht nur in den Salat, sondern kocht auch in jedem Gemüsegericht einen Apfel mit.
Kann ich nur empfehlen, gibt ein ganz besonderes Aroma.*

Kohlrouladen mit pikanter Füllung an Kapernsoße

KOHLROULADEN

1 kleiner Weißkohl
2 Tassen gekochter Vollkornreis
1 Tasse gekochter Grünkern*
250 g Pilze
2 bis 3 EL Öl
1 Zwiebel
Sojasauce
Kräutersalz
2 EL Petersilie
1 Tasse Gemüsebrühe

Den **Weißkohl** im Ganzen in **Salzwasser** kurz kochen, bis sich die **Blätter** ablösen lassen.

Jeweils 2 **Blätter** aufeinanderlegen.

HERBSTMENÜ 2

Bunter Herbstsalat mit Kapuzinerkresse
Kohlrouladen mit pikanter Füllung an Kapernsoße
Crêpes mit blauen Weintrauben

Die Pilze klein schneiden, im **Öl** anbraten, **Zwiebel** klein schneiden, zugeben und bissfest braten.

Vollkornreis, **Grünkern** und **Pilz-Zwiebel-Masse** gut vermischen, mit **Gewürzen** und **Kräutern** abschmecken.

Auf die **Kohlblätter** füllen und diese zu Rouladen zusammenrollen (evtl. mit Faden zusammenhalten).

In eine feuerfeste Form legen, die Tasse **Gemüsebrühe** zugießen und bei mittlerer Hitze im Ofen 20 Minuten garen.

Die **Kapernsoße** (siehe Seite 13) gibt dieser Kohlroulade einen zusätzlichen Pfiff.

Crêpes mit blauen Weintrauben

150 g Dinkelvollkornmehl
200 ml Wasser
200 ml kohlensäurehaltiges Mineralwasser
1 MSP Salz
100 ml Öl
250 bis 300 g blaue Weintrauben
250 g Cashewsahne*

Für die Crêpes wird die Kleie ausnahmsweise aus dem **Dinkelmehl** gesiebt, so werden sie zarter. Die übrig gebliebene Kleie kann zum Binden von Soßen, Suppen etc. verwendet werden.

Mehl, **Wasser**, **Mineralwasser** und **Salz** zu einem geschmeidigen Teig verarbeiten.

Crêpes im **Öl** backen und warm stellen.

Die **Weintrauben** im Ofen kurz erhitzen, in die Crêpes füllen und mit der (möglichst steif geschlagenen) **Cashewsahne** servieren.

Es wird nicht ohne Kompromisse abgehen, wie überall im Leben.

Vor allem beim Süßen werden manchmal vielleicht Zugeständnisse nötig sein — sei es an die Vollwertigkeit, sei es an die reine vegane Lehre. Wer sich die Weintrauben oder das Rhabarbermousse vielleicht doch mit einem Fingerhut voll Honig — natürlich von artgerecht gehaltenen Bienen und daher teurer, wie beschrieben — versüßt, sollte kein schlechtes Gewissen haben müssen.

Wir wollen ja auch nicht Sklaven unserer Ernährung werden und bei jedem Bissen überlegen müssen, ob er erlaubt ist oder wir dafür in die Hölle kommen, wo sich die ganzen Fanatiker tummeln. Einfach achtsam bleiben!

Dazu fällt mir ein Dialog aus meiner Kinderzeit ein:

»Darf der dat?« »Der darf dat.« »Dat der dat darf!«

Herbstmenü 3

Roher Selleriesalat

Borschtsch mit Meerrettichschaum

In Kokosöl gebratene Bananen

HERBSTMENÜ 3

Roher Salleriesalat
Borschtsch mit Meerrettichschaum
In Kokosöl gebratene Bananen

Roher Selleriesalat

1 Sellerieknolle
Zitronensaft
2 Äpfel
⅛ l Cashewsahne*
1 EL Öl
Kräutersalz
Rosinen
Nüsse zum Bestreuen

Sellerieknolle abbürsten, schälen und grob reiben.

Mit **Zitronensaft** beträufeln.

Äpfel mit Schale und Kernhaus reiben.

Zusammen mit der **Cashewsahne** und dem **Öl** zum Sellerie geben.

Mit **Kräutersalz** und **Rosinen** abschmecken.

Mit grob gehackten **Nüssen** bestreuen.

Borschtsch mit Meerrettichschaum

500 g Rote Bete
250 g Suppengrün
3 EL Sonnenblumenöl
1 l Gemüsebrühe
2 Zwiebeln
250 g Weißkohl
250 g Kartoffeln
1 Lorbeerblatt
6 Pfefferkörner
2 Nelken
Kümmel
200 g Tomaten
Kräutersalz
Knoblauch
2 EL Obstessig
Pfeffer
¼ l Cashewsahne*
geriebener Meerrettich (frisch oder aus dem Glas)

102

HERBSTMENÜ 3

Roher Selleriesalat
Borschtsch mit Meerrettichschaum
In Kokosöl gebratene Bananen

Die gewaschenen, gut gebürsteten Rote **Bete** (junge ungeschält, ältere geschält) und das **Suppengrün** in Streifen oder Würfel schneiden.

In **Sonnenblumenöl** anschmoren, **Brühe** zufügen, ca. 20 Minuten köcheln lassen.

Zwiebeln hacken. **Kohl** fein schneiden. **Kartoffeln** schälen und würfeln.

Zwiebeln, **Kohl**, **Kartoffeln** mit den **Gewürzen** zugeben. Weitere 30 Minuten kochen.

Tomaten kurz in heißes Wasser legen und enthäuten, dann würfeln.

Die letzten 10 Minuten mitkochen.

Mit **Kräutersalz**, **Knoblauch**, **Obstessig** und **Pfeffer** abschmecken.

Cashewsahne mit **Meerrettich** möglichst schaumig mixen und einen großen Klacks davon auf jeden Teller mit Borschtsch geben.

HERBSTMENÜ 3

Roher Selleriesalat
Borschtsch mit Meerrettichschaum
In Kokosöl gebratene Bananen

In Kokosöl gebratene Bananen

2 Bananen
Ca. 1 EL Kokosöl
Zitronensaft
Naturvanille-Pulver
Kokosflocken

Bananen längs halbieren, im **Kokosöl** von beiden Seiten braten, mit **Zitronensaft** beträufeln.

Mit **Naturvanille-Pulver** und **Kokosflocken** bestreuen.

Wahre Gesundheitsbomben: Sprossen und Keimlinge

Was ist der Unterschied zwischen Sprossen und Keimlingen? Darüber streiten sich die Geister. Ich habe folgende Version übernommen: nenne Sprossen die zarten Triebe, die aus einem keimfähigen Samen entstehen und im Allgemeinen abgeschnitten in den Handel kommen, Keimlinge hingegen das ganze neu entstandene keimfähige Pflänzchen mit den Wurzeln. Und verwende nur diese.

Werden Sie ein Keimling-Fan! Und besorgen Sie sich das wunderbare Büchlein von Rose-Marie Nöcker »Das große Buch der Sprossen und Keime: mit vielen Rezepten«, auf das ich mich hier beziehe (siehe Anhang).

Diese Super-Nahrung dürfte wohl alles in den Schatten stellen, was uns die Natur an Gesundem schenkt. Es heißt, dass die geballte Lebendigkeit des Keimlings in der späteren Pflanze nie wieder erreicht wird. Schon dreitausend Jahre vor Christus soll der damalige Kaiser Seng-Nung in einem Buch über Heilpflanzen seinem Volk die gesundheitsspendenden Keimlinge ans Herz gelegt haben.

Man kann diese Gesundheitsbomben das ganze Jahr über auf der Küchenfensterbank ziehen, besonders im Herbst und Winter sind sie unentbehrlich. Wichtig ist es, die Keimlinge während des Keimprozesses regelmäßig – mindestens zweimal täglich – unter kaltem Wasser zu spülen, denn unerwünschte Mikroorganismen (z. B. Schimmelpilze) lieben dieselbe Wärme und Feuchtigkeit.

Meine Lieblingskeimlinge sind die der grünen Mungbohne, von Linsen, Sonnenblumenkernen und Kresse. Die Mungbohnen gehen am schnellsten – da ich es nicht erwarten kann, esse ich die ersten schon am nächsten Tag, bevor noch der Anflug eines Keimes zu sehen ist. Der Geschmack verändert sich übrigens täglich, von nussig-mild zu schärfer.

Was Sie brauchen, ist nicht mehr als ein Einmachglas, ein Gummiband und etwas Gaze. Die über Nacht vorgeweichten Samen werden im Einmachglas feucht gehalten und wachsen darin wie in einem Treibhaus. In Bioläden und Reformhäusern gibt es fertige Keimboxen.

Nach meinen Erfahrungen brauchen zum Keimen:

Kresse *– mäßig Wasser, essbar nach 4 bis 5 Tagen*

Linsen *– viel Wasser, 4 x pro Tag, essbar nach 2 bis 3 Tagen*

Mungbohnen *– mäßig Wasser, Ernte nach 1 bis 3 Tagen*

Sonnenblumenkerne *– mäßig Wasser, essbar nach 12 bis 13 Stunden*

Herbstmenü 4

Hoummous auf Chicoréeblättern
Kartoffel-Blumenkohl-Tomaten-Auflauf
Birnen in Rotwein-Vanillerum-Marinade

HERBSTMENÜ 4

Hoummous auf Chicoréeblättern
Kartoffel-Blumenkohl-Tomaten-Auflauf
Birnen in Rotwein-Vanillerum-Marinade

Hoummous auf Chicoréeblättern

Hoummous ist ein Püree aus Kichererbsen. Kennengelernt habe ich es während einer Theatertournee in Israel, inzwischen ist es jedoch auch bei uns sehr beliebt.

- 250 g Kichererbsen
- Kräutersalz nach Geschmack
- 1 bis 2 fein gepresste Knoblauchzehen
- 2 EL Zitronensaft
- 1 Tasse Sesammus (Tahin)
- ½ Tasse Olivenöl
- Blätter von 1 bis 3 Chicorées
- 2 EL Minze oder Petersilie
- schwarze Oliven
- Artischockenherzen

Kichererbsen über Nacht einweichen, am nächsten Morgen in einem Sieb unter fließendem Wasser abspülen, mit reichlich frischem Wasser ca. 2 Stunden kochen. Sie sind gar, wenn sie aufplatzen. Wieder in ein Sieb gießen und mit Wasser abspülen.

In eine Schüssel geben, **Kräutersalz**, **Knoblauchzehen**, **Zitronensaft**, **Tahin** und **Olivenöl** (evtl. etwas Wasser) zugeben und alles möglichst fein pürieren.

Auf den **Chicoréeblättern** anrichten.

Minze oder **Petersilie** hacken und über das Püree streuen.

Mit den **Oliven** und **Artischockenherzen** garnieren.

Dazu Baguette.

Etwas mehr vom Hoummous zubereiten und am nächsten Tag mit Senf und etwas Grapefruitsaft verrühren – als feine Salatsoße.

Apropos Kichererbsen: Wie auch andere Leguminosen (Hülsenfrüchte, z. B. Bohnen) enthalten rohe Kichererbsen Gift, vermutlich als Schutz gegen Fressfeinde, das beim Kochen unschädlich wird, womöglich auch beim Keimvorgang. Ich habe jedenfalls gekeimte, rohe Kichererbsen nach drei Tagen Keimzeit problemlos verzehrt, sie hier aber zur Sicherheit weggelassen.

Hierzu eine im Nachhinein amüsante Episode, die sich bei dem Europäischen Vegetarierkongress im Schweizer Widnau zugetragen hat und die wohl keiner der Teilnehmer je vergessen wird.

Am vorletzten Tag des Kongresses servierte der Koch des Tagungsortes – selbst kein Vegetarier und auch nicht in vegetarischer Kochkunst ausgebildet – zum Buffet unter anderem mexikanische Bohnen. Diese hatte er zwar eingeweicht und gehackt, aber weder gekocht noch gekeimt. Das Ergebnis: Einige Stunden nach dem Mittagessen wanden sich immer mehr von den 300 TeilnehmerInnen mit Magenkrämpfen, Brechdurchfall und Kreislaufstörungen buchstäblich am Boden, dreißig davon so schlimm, dass sie mit Rettungswagen und zwei Hubschraubern in die umliegenden Krankenhäuser eingeliefert werden mussten.

Dutzende von Sanitätern gaben den sich auf dem Boden wälzenden Grüngesichtigen Infusionen beim ohrenbetäubenden Tatütata der Einsatzfahrzeuge, dem Dröhnen der Hubschrauber, dem Gurgeln der sich Übergebenden, die sich mit letzter Kraft zu den Toiletten schleppten. Das Sportcenter glich einem Lazarett nach einem Giftgasangriff.

Sofort war natürlich auch die Polizei zur Stelle, sperrte alles ab und ermittelte. Gerüchte kursierten: War es gar die Fleischmafia, die den Vegetariern eins auswischen wollte? Ein Haufen Schaulustiger hatte sich draußen angesammelt.

Die haben sicher ganz schön gefeixt. Wir saßen fest wie Gefangene und kamen uns auch so vor. Mit der russischen Delegation versuchte ich, durch die im Keller liegenden Garagen ins Freie zu entkommen, vergeblich. Einem Teilnehmer gelang es, durch eine unbewachte Hintertür zu entwischen, durch die er eine Stunde später mit einer Flasche Obstler wieder auftauchte, die wir paar Leute, die es noch nicht erwischt hatte, dann auch verputzten.

Der Abend nahte. Es wäre eigentlich Zeit gewesen zum Abendessen. Daran dachte natürlich kein Mensch – außer meiner Freundin Dagmar. Die hatte nichts von den vertrackten Bohnen gegessen und verspürte Hunger. Sie stieg seelenruhig über die immer noch auf dem Fußboden gestapelten Elendsgestalten hinweg in Richtung Buffet, wo eine dampfende Linsensuppe – gekocht! – verheißungsvollen Duft verströmte. Doch auch hier: Abgesperrt von der Polizei! Nix Linsensuppe!

Um elf Uhr abends gab es schließlich Entwarnung, die Übriggebliebenen durften das Kongresshaus verlassen, um ihre Hotels aufzusuchen.

Ich hatte zwar dann einen gehörigen Durchfall – weiter nichts.

Am nächsten Tag Pressekonferenz, von der Polizei einberufen. Der leitende Arzt meinte erstaunt, er habe noch nie erlebt, dass nach einer derartigen Lebensmittelvergiftung die Leute so schnell wieder auf den Beinen waren – bis auf zwei, die erst gegen Mittag aus den Hospitälern eintrudelten, waren alle wieder pünktlich morgens beim Kongress!

Und das Untersuchungsergebnis – wir GGB-GesundheitsberaterInnen triumphierten natürlich, hatten wir diese Diagnose doch sofort gestellt: Das Phasin in den rohen Bohnen war schuld!

Was zunächst wie eine Katastrophe für die gesamte Vegetarier-Innung aussah, mauserte sich dann fast zu einem Triumph. Nach Muschel- oder Fischvergiftungen hätte sich niemand so schnell wieder aufgerappelt. Einer der massenhaft erschienenen Presseleute fragte dann auch, ob wir das Ganze als Werbegag inszeniert hätten!

Abends wurde dann ausgiebig und ausgelassen Abschied gefeiert und getanzt.

Da sieht man's mal wieder: Vegetarier, die sind lustig, Vegetarier, die sind froh – und tough sind sie auch.

HERBSTMENÜ 4

Hoummous auf Chicoréeblättern
Kartoffel-Blumenkohl-Tomaten-Auflauf
Birnen in Rotwein-Vanillerum-Marinade

Kartoffel-Blumenkohl-Tomaten-Auflauf

750 g Kartoffeln
1 Blumenkohl
Kräutersalz
Pfeffer und Curry nach Geschmack
2 durchgepresste Knoblauchzehen
1 Prise frisch geriebene Muskatnuss
4 große Tomaten
frisches Basilikum (ersatzweise getrocknetes)
⅛ l Cashewsahne*
100 g Flockenmix*

Die **Kartoffeln** kochen, pellen, etwas abkühlen lassen und in dicke Scheiben oder Schnitze schneiden.

Den **Blumenkohl** im Ganzen in **Salzwasser** halbweich kochen.

In eine große geölte Auflaufform eine Lage **Kartoffelscheiben** geben, diese mit **Kräutersalz**, **Pfeffer**, **Curry** und **Knoblauch** würzen, den **Blumenkohl** in die Mitte setzen und die restlichen **Kartoffelscheiben** schuppenartig drum herumlegen, ebenfalls würzen.

Blumenkohl mit **Muskat** bestreuen.

Die **Tomaten** in Scheiben schneiden und um den **Blumenkohl** garnieren.

Mit **Cashewsahne** beträufeln, mit **Kräutersalz**, gehacktem **Basilikum** und **Flockenmix** bestreuen.

Bei 200 °C ca. 20 Minuten überbacken.

Birnen in Rotwein-Vanillerum-Marinade

4 Birnen
¼ l Rotwein
Vanillerum*
Rosinen
Zimt nach Geschmack
4 Walnüsse

Birnen schälen und halbieren oder vierteln, Kerngehäuse herausschneiden. **Rotwein**, **Vanillerum**, **Rosinen** und **Zimt** verrühren und die **Birnen** darin mehrere Stunden marinieren.

In Portionsschälchen anrichten und mit je 2 halben **Walnüssen** garnieren.

Herbstmenü 5

Waldorfsalat

Maiskugeln auf Spinat mit Möhren

Obstspießchen und Chilischote im Schokomantel

HERBSTMENÜ 5

Waldorfsalat
Maiskugeln auf Spinat mit Möhren
Obstspießchen und Chilischote im Schokomantel

Waldorfsalat

1 Knollensellerie
2 große Äpfel
Zitronensaft
½ Tasse Walnusskerne
100 g Cashewsahne*
Salz
Pfeffer
1 TL Rosinen
einige große Radicchioblätter
einige Walnusskerne zum Bestreuen

Sellerieknolle abbürsten, schälen und reiben.

Äpfel fein raffeln. Sofort mit **Zitronensaft** vermischen.

Die **Walnüsse** hacken und unterheben.

Die restlichen **Zutaten** zu einem lockeren **Dressing** verrühren und alles gut vermischen. Auf den **Radicchioblättern** anrichten und mit **Walnusskernen** bestreuen.

Maiskugeln auf Spinat mit Möhren

1 l Gemüsebrühe
250 g Maisgrieß
800 g pürierter Spinat
Salz
Pfeffer
Muskat
1 Knoblauchzehe
125 g Cashewsahne*
500 g Möhren
2 EL Öl
gehackte Petersilie zum Bestreuen

Gemüsebrühe zum Kochen bringen, **Maisgrieß** einrieseln lassen, in 5 Minuten zu einem festen Brei kochen, dann noch etwa 15 Minuten bei ganz schwacher Hitze ausquellen lassen – warm stellen.

HERBSTMENÜ 5

Waldorfsalat
Maiskugeln auf Spinat mit Möhren
Obstspießchen und Chilischote im Schokomantel

Spinat mit **Salz**, **Pfeffer**, **Muskat**, durchgedrückter **Knoblauchzehe** und **Sahne** vermischen, langsam erwärmen.

Die **Möhren** stifteln, in **Öl** andünsten, mit **Salz** und **Pfeffer** abschmecken, etwas **Wasser** zugießen und die Möhren »al dente« garen.

Den **Spinat** auf Tellern anrichten. Mit einem Eisportionierer oder einem Löffel Kugeln aus dem **Mais** formen und kreisförmig auf den **Spinat** setzen, die **Möhren** in die Mitte.

Alles mit **Petersilie** bestreuen.

HERBSTMENÜ 5
Waldorfsalat
Maiskugeln auf Spinat mit Möhren
Obstspießchen und Chilischote im Schokomantel

Obstspießchen und Chilischote im Schokomantel

Früchte nach Belieben (Bananen, Trauben, Orangen, Pfirsich-, Ananas- und Apfelstücke)
250 g Zartbitterschokolade oder Blockschokolade
Chilischote nach Belieben

Die **Fruchtstücke** auf Spießchen stecken.

Zartbitterschokolade oder **Blockschokolade** schmelzen, Spießchen hineintunken.

Risikofreudige trauen sich das auch mit einer **Chilischote**.

Die charismatische Schauspielerin Brigitte Horney mit der rauchigen Stimme hatte ich in etlichen Edgar-Wallace-Filmen als Partnerin. Wir rätselten bis Ende der Dreharbeiten, ob sie die Mörderin war oder ich oder Klaus Kinski oder ganz jemand anderer — vergeblich, wir fanden es nie heraus. Von ihr habe ich folgenden Tipp zur Straffung der Gesichtshaut: eine Einreibung mit dem Inneren einer Orangenschale. Funktioniert auch sehr gut mit der Schale einer Mangofrucht.

Herbstmenü 6

Posteleinsalat mit Mungbohnenkeimlingen und Granatapfelkernen

Gefüllte Mangoldröllchen auf Kurkumasoße

Moccacreme

Ingwertee oder indianischer Liebestrank

HERBSTMENÜ 6

Posteleinsalat mit Mungbohnenkeimlingen und Granatapfelkernen
Gefüllte Mangoldröllchen auf Kurkumasoße
Moccacreme
Ingwertee oder indianischer Liebestrank

Posteleinsalat mit Mungbohnenkeimlingen und Granatapfelkernen

Das ist einer meiner Lieblingssalate — auch, aber nicht nur wegen des poetischen Namens, nein, er sieht auch ent-zük-kend aus, die zarten kugelrunden kleinen Blättchen und daran die langen dünnen Haxen, der Postelein.

Eine wunderbare Ergänzung dazu sind Mungbohnenkeimlinge, die vor Energie regelrecht explodieren zu scheinen.

Darübergestreut die roten Granatapfelkerne… den Saft des Granatapfels gleich für die Soße verwenden. Ein Klacks süßes rohes Mangopüree dazu — hmmmm … — oder einfach ein paar Mangoschnitze.

2 Handvoll Postelein
1 Handvoll Mungbohnenkeimlinge
Olivenöl
Himbeeressig oder Zitronensaft
Kürbiskern-Feigen-Senf (Mengenangaben wie öfter bei meinen Soßen nach Geschmack)
Streuwürze* oder Kräutersalz
Saft von 1 bis 2 Granatäpfeln
Kerne von 1 oder 2 Granatäpfeln
einige Mangoschnitze zum Dekorieren

Postelein und **Keimlinge** locker auf den Tellern anordnen.

Olivenöl, **Himbeeressig** (oder Zitronensaft), **Senf**, **Streuwürze** (oder Kräutersalz) und den **Saft der Granatäpfel** zu einer Salatsoße verrühren.

Soße an den Tellerrand gießen.

Salat mit den **Granatapfelkernen** bestreuen.

Mit einigen **Mangoschnitzen** dekorieren (geht sehr gut mit getrockneten, die einige Stunden in Wasser eingeweicht wurden).

HERBSTMENÜ 6

Posteleinsalat mit Mungbohnenkeimlingen und Granatapfelkernen
Gefüllte Mangoldröllchen auf Kurkumasoße
Moccacreme
Ingwertee oder indianischer Liebestrank

Gefüllte Mangoldröllchen auf Kurkumasoße

- 4 große Mangoldblätter
- 200 g Egerlinge, Shiitakepilze oder Champignons
- Olivenöl
- 1 große Zwiebel
- 3 Scheiben zerbröseltes Vollkornbrot
- 1 Bund fein gehackte Petersilie
- 2 EL Tomatenmark
- 3 EL fein gehackte Haselnüsse
- Salz
- Pfeffer
- ca. 250 ml Gemüsebrühe
- 2 EL Weißwein
- 300 g Cashewsahne*
- 2 TL Kurkuma
- 1 TL Curry
- Zitronensaft

Mangoldblätter kurz in **Salzwasser** so weich dünsten, dass man sie rollen kann.

Pilze klein schneiden und in dem heißen **Öl** braten, dann die **Zwiebel** klein hacken und mitbraten.

Das zerbröselte **Brot** sowie **Petersilie**, **Tomatenmark** und **Haselnüsse** beifügen. Gut durchkneten. Mit **Salz** und **Pfeffer** abschmecken. Ist die Fülle zu fest, etwas **Cashewsahne** zugeben.

Die **Mangoldblätter** wie Kohlrouladen füllen und zusammenrollen.

In **Öl** anbraten und **Gemüsebrühe** zugießen. Bei 180 °C ca. 15 Minuten im Backofen schmoren.

Die Röllchen herausnehmen und auf einer vorgewärmten Platte warm halten.

Für die Soße die restliche Bratflüssigkeit mit 2 Esslöffeln **Weißwein** ablöschen. Die **Cashewsahne** zugeben und ein wenig eindicken lassen. Mit **Kurkuma**, **Curry** und **Zitronensaft** abschmecken.

Die **Mangoldröllchen** auf der **Kurkumasoße** zusammen mit schräg geschnittenen gedünsteten **Möhren** und **Hirsetimbal** (siehe Seite 84) servieren.

HERBSTMENÜ 6

Posteleinsalat mit Mungbohnenkeimlingen und Granatapfelkernen
Gefüllte Mangoldröllchen auf Kurkumasoße
Moccacreme
Ingwertee oder indianischer Liebestrank

Moccacreme

- ⅛ l kräftiger Getreidekaffee
- 3 g Agar-Agar
- 0,2 l Cashewsahne*
- Naturvanille-Pulver
- ½ Banane
- 1 Prise Salz
- Schokoraspel von Blockschokolade

Kaffee erhitzen, **Agar-Agar-Pulver** unterrühren. Vom Herd nehmen und 5 Minuten quellen lassen. Wieder erhitzen und aufwallen lassen. Das Geliermittel muss sich vollständig aufgelöst haben, sonst den Vorgang wiederholen.

Cashewsahne mit **Naturvanille-Pulver**, **Banane** und **Salz** mixen und unter das Kaffeegelee rühren.

Anschließend im Kaltwasserbad kaltschlagen und in Portionsschälchen füllen.

Etwa 1 Stunde kühlen.

Mit **Schokoraspeln** bestreuen.

Olga Tschechowa, Enkelin des Dichters Anton Tchechow, war in der zweiten Hälfte des letzten Jahrhunderts eine berühmte, sehr schöne und lebensfrohe Schauspielerin. Sie kreierte überdies eine Kosmetikserie, schrieb ein Buch über ihr Leben und gab, selbst üppig gerundet, mir einmal den Rat: »Werde nie zu dünn, Kind!«

Eins ihrer Dessertrezepte endete, ich werde das nie vergessen, mit dem Seufzer: »Und dann rasple ich leider auch noch Schokolade drüber!«

In krassem Widerspruch dazu ein Ausspruch der Millionenerbin Barbara Hutton. Sie soll gesagt haben: »Eine Frau kann nie dünn und reich genug sein.« Sie können sich ja in Ruhe überlegen, welchem Typ Sie nacheifern wollen ...

Es gibt auch den Spruch, frau müsse wählen zwischen Kuh oder Ziege – Kuh gleich gemütlich, sagen wir mal vollschlank und damit ziemlich faltenlos im Gesicht, oder Ziege, heißt eher kapriziös und schlank bis mager, dafür im Gesicht etwas plissierter.

Ich habe mich für Ziege entschieden.

Olga Tschechowas Schönheitsmaske war natürlich nicht vegan: Sie verquirlte ein Eigelb mit einigen Esslöffeln Olivenöl und ein paar Tropfen Zitronensaft. Das Gemisch wurde auf die gut gereinigte Gesichtshaut aufgetragen, 20 bis 30 Minuten drauf gelassen, dann mit warmem Wasser abgewaschen. Die Maske strafft, glättet und nährt. Statt des Eigelbs nehme ich heute Cashewsahne.

HERBSTMENÜ 6

Posteleinsalat mit Mungbohnenkeimlingen und Granatapfelkernen
Gefüllte Mangoldröllchen auf Kurkumasoße
Moccacreme
Ingwertee oder indianischer Liebestrank

Ingwertee

Dieser Ingwertee wird heiß getrunken. Er hat eine tonisierende, magenstärkende Wirkung und facht das Verdauungsfeuer, das agni, an! Der grüne Pfeffer ist besonders vitaminreich.

1 l Wasser
2 EL fein geriebener, frischer Ingwer (ersatzweise getrockneter Ingwer nach Geschmack)
1 Prise frisch gemahlener grüner Pfeffer
2 EL Orangen-, Grapefruit- oder Zitronensaft

Wasser und **Ingwer** etwa 10 Minuten kochen. Durch ein Sieb gießen (entfällt bei getrocknetem Ingwer).

Pfeffer und den ausgepressten **Saft** zugeben.

Romantisches Menü zu zweit – Auszug aus einem Interview zwischen dem Hessischen Rundfunk und mir (abgekürzt H.R. und B.R.)

H.R.: »Vegetarisches Essen wird oft als freudlos empfunden. Tofuburger und ein paar Salatblättchen. Was kann ich bieten, wenn ich eine Frau/einen Mann bei Kerzenschein und gutem Essen rumkriegen will?«

B.R.: »Als Aperitif serviere ich den indianischen Liebestrank aus Cashewmilch, Kakao, Vanille, Banane, Cayennepfeffer, Kräutersalz und Rum. Heiß oder kalt zu trinken!

Auf dem Salatteller darf ein Büschel Rucola nicht fehlen, ein Aphrodisiakum. Wer nicht weiß, was das ist, vielleicht bei Wikipedia nachschauen. Soll den Nonnen im Kloster angeblich verboten gewesen sein. Also Vorsicht!

Gerade unter den Gemüsen gibt es jede Menge Aphrodisiaka!

Z.B. Sellerie – denken Sie an den Volksmund: Freu dich, Hänschen, freu dich, heute gibt's Selleriesalat! Weiter Spargel, Tomaten – die Tomate heißt nicht umsonst auch Liebesapfel! Auch die östrogenhaltigen gekeimten Mungbohnen regen die Libido an, und natürlich die Artischocke – mein Artischockenherz sagen Franzosen zu ihrer Liebsten. Auch ein Ingwer-Cocktail macht scharf, oder eine Kürbissuppe mit gerösteten Kürbiskernen, gekrönt von einem Sahnehäubchen – bei Veganern aus Cashewsahne. Kürbiskerne stärken die Prostata!

Als Hauptgericht bieten sich Vollkornnudeln mit Sahne-Trüffel-Soße an. Trüffeln sind ja ein berühmtes, wenn auch kostspieliges Aphrodisiakum.

HERBSTMENÜ 6

Postelein-Salat mit Mungbohnenkeimlingen und Granatapfelkernen
Gefüllte Mangoldröllchen auf Kurkumasoße
Moccacreme
Ingwertee oder indianischer Liebestrank

Abschließend ein Mousse au chocolat, dazu ein feiner veganer Wein aus biologischem Anbau — eigentlich kann nichts mehr schiefgehen!

Im Notfall können Sie ja meine Telefonnummer weitergeben« — sagte ich dann noch tollkühn zum Moderator und war selbst erschrocken.

Zum Glück hat niemand angerufen — aber die Buchhandlungen im Raum Hessen konnten einen Run auf meine Kochbücher verzeichnen.

Indianischer Liebestrank

3 Vanilleschoten
1 l Cashewmilch*
4 EL Kakao
zermuste Banane nach Geschmack
1 MSP Cayennepfeffer
1 Prise Steinsalz
weißer Rum nach Geschmack

Die **Vanilleschoten** in der **Cashewmilch** 10 Minuten köcheln lassen. **Schoten** herausnehmen. **Vanillemark** herauskratzen und mit dem **Kakao** in ⅛ l Wasser verrühren und in die heiße **Cashewmilch** gießen. Mit **Banane**, **Cayennepfeffer** und **Salz** mixen, zum Schluss den **Rum** zugeben.

Kann heiß oder kalt getrunken werden.

Von Paloma Picasso, jüngste Tochter von Pablo Picasso und Designerin, hört/liest man, sie sei zeit ihres Leben auf der Suche nach dem perfekten Rot. Mir geht es ähnlich. Die Farbe Rot fasziniert mich mehr als alle anderen. Die Natur schwelgt geradezu in Rottönen. Bei Blüten, Gemüsen und Früchten ziehen sie sich durch das ganze Jahr, jedoch in ganz unterschiedlichen Nuancen. Mit zartem Frühlingsrot erfreuen uns die Erdbeeren, später glutrot die Tomaten, als hätten sie die Hitze des Sommers eingefangen, im Herbst kommen die Paprikaschoten mit ihren warmen gelblichen Rottönen und schließlich — zur Stärkung für den kalten Winter — Holunderbeere und Rote Bete mit dem Rot ins Blaustichige. Der Farbe der Roten Bete schreibt man sogar eine Heilwirkung bei Krebsleiden zu.

Die Natur hat für alles eine Lösung und — sie hat immer recht. Wusste schon Goethe. Und es scheint zu stimmen: Gegen jedes Wehwehchen ist ein Kraut gewachsen.

*Leise rieselt der Schnee.
Still und starr liegt der See.
Weihnachtlich glänzet der Wald …*
EDUARD EBEL

Wintermenüs

1
Mein Weihnachtsmenü:
Spinat-Shiitake-Rucola-
Salat, Getreidebraten mit
Rotwein-Pflaumen-Soße,
Mohn-Nuss-Zimt-Eis

2
Power-Salat,
Piroggen auf
Sellerie-Möhren-Mus
mit Shiitakepilzen,
Maronicreme

3
Lauwarmer Linsensalat,
Grünkohl mit Rösti,
Oma Minnas Bratäpfel
mit Schokoladensoße

4
Sauerkrautsalat mit Radieschensprossen und Mungbohnenkeimlingen, Ofenkartoffeln mit gebackenem Gemüse, Feigen in Wein

5
Currysuppe mit Mandeln, Chili sin carne, Dinkelpfannkuchen mit Obst

6
Kürbissuppe, Polenta in Salbeiöl mit Roter Bete, Mohnpielen

Wintermenü 1
Mein Weihnachtsmenü

Spinat-Shiitake-Rucola-Salat
Getreidebraten mit Rotwein-Pflaumen-Soße
Mohn-Nuss-Zimt-Eis

WINTERMENÜ 1

Spinat-Shiitake-Rucola-Salat
Getreidebraten mit Rotwein-Pflaumen-Soße
Mohn-Nuss-Zimt-Eis

Wer es nicht versucht hat, macht sich keine Vorstellung davon, wie wunderbar es sich mit unseren heimischen Lebensmitteln wie Kartoffeln, Rote Bete, Möhren, Sellerie, Kohl, Sauerkraut und Hülsenfrüchten wie Linsen und Bohnen, ergänzt durch Getreide, über den Winter kommen lässt.

Und Bioqualität muss durchaus nicht teurer sein, wenn wir die Grundnahrungsmittel möglichst regional und saisonal einkaufen.

Für viele Menschen ist Weihnachten ohne Braten kein Weihnachten – sie wollen aber dennoch keine Tierleiche mehr auf ihrem Teller. Inzwischen gibt es eine ganze Reihe interessanter Rezepte für einen vegetarischen oder sogar veganen Weihnachtsbraten, die meisten aus Seitan. Mein Favorit ist immer noch – auch aus oben genannten Gründen – der aus Getreide, den ich mit einer köstlichen Rotwein-Pflaumen-Soße begleite.

Spinat-Shiitake-Rucola-Salat

Mengen nach Belieben

Junge Spinatblätter
Shiitake-Pilze
Rucolablätter
Cashewsahne*
Senf (z. B. Kürbiskern-Feigen-Senf)
Kräutersalz
Pfeffer
Grapefruitsaft

Die jungen **Spinatblätter** (ich esse die Würzelchen mit) gründlich waschen.

Shiitake-Pilze in dünne Scheiben schneiden.

Die ganzen **Rucolablätter,** den **Spinat** und die **Pilze** getrennt voneinander auf den Tellern anordnen.

Eine Soße mixen aus den übrigen Zutaten **Cashewsahne, Senf, Kräutersalz, Pfeffer** und **Grapefruitsaft,** neben die Salate gießen.

WINTERMENÜ 1

Spinat-Shiitake-Rucola-Salat
Getreidebraten mit Rotwein-Pflaumen-Soße
Mohn-Nuss-Zimt-Eis

Barbaras Weihnachtsbraten mit Rotwein-Pflaumen-Soße

An keinem Rezept habe ich so viel herumexperimentiert wie an diesem. Es hat sich gelohnt! Das Ergebnis kann sich sehen und vor allem schmecken lassen. Hier ist es.

- 100 g geschroteter Grünkern
- 100 g geschroteter Vollkornreis
- 100 g geschroteter Dinkel
- ca. 1 l kräftig gewürzte Gemüsebrühe
- 2 Lorbeerblätter
- 3 bis 4 EL Öl
- 100 g Pilze (Shiitake gibt es in meinem Laden das ganze Jahr über, sonst getrocknete oder Pilzpulver verwenden)
- 2 bis 3 Zwiebeln
- 2 bis 3 Knoblauchzehen
- 100 g Haselnüsse
- 2 bis 3 EL Tomatenmark
- 1 EL fein gemahlener Leinsamen
- 1 EL Senf
- 1 Prise Chilipulver
- 1 TL Paprikapulver
- 1 EL oder mehr Sojasoße (Tamari)
- viel frische oder getrocknete Kräuter (Majoran, Thymian, Kräuter der Provence, Petersilie)
- 1 in Spalten geschnittener Apfel

Geschrotete Zutaten gut miteinander vermischen.

Gemüsebrühe mit den **Lorbeerblättern** zum Kochen bringen.

Das **Schrot** unter Rühren einrieseln lassen, ca. 15 Minuten köcheln, dann auf ausgeschalteter Herdplatte ca. 30 Minuten ausquellen lassen.

Öl erhitzen, die klein geschnittenen **Pilze** zugeben, kurz braten, dann die fein geschnittenen **Zwiebeln** und fein gehackten **Knoblauchzehen** zugeben, weiterbraten.

Die **Masse** samt den übrigen Zutaten (außer den Apfelspalten) mit dem **Schrotbrei** gut verkneten, am besten mit den Händen. Pikant abschmecken. Es muss ein geschmeidiger Teig entstanden sein – eventuell noch etwas **Wasser/Öl** unterkneten.

Den Bräter mit Backpapier auskleiden, so lässt sich der Braten später leicht herausheben und muss nicht gestürzt werden. Backpapier mit **Öl** einpinseln, den **Brei** hineinfüllen und fest andrücken, damit der Braten beim Anschneiden nicht bricht.

Im auf 180 °C vorgeheizten Ofen ca. 1 Stunde braten.

Nach ca. der halben Bratzeit die **Apfelspalten** auf dem Braten verteilen und weiter mitbraten.

Apfelspalten für die Soße aufbewahren.

WINTERMENÜ 1

Spinat-Shiitake-Rucola-Salat
Getreidebraten mit Rotwein-Pflaumen-Soße
Mohn-Nuss-Zimt-Eis

ROTWEIN-PFLAUMEN-SOSSE

400 ml Rotwein
1 Lorbeerblatt
1 Nelke
½ Zimtstange
Salz und Pfeffer
100 g Trockenpflaumen oder Pflaumenmus
Apfelspalten (vom Braten)

Rotwein mit den **Gewürzen** aufkochen. Die **Gewürze** herausnehmen, die **Trockenpflaumen** bzw. das Pflaumenmus und den in Spalten geschnittenen **Apfel** zugeben. Alles pürieren und noch einmal aufkochen.

Es geht aber auch einfacher: **Rotwein** (Menge nach Geschmack) mit **Trockenpflaumen/Pflaumenmus/Apfelspalten** pürieren und kurz erhitzen – fertig!

Mohn-Nuss-Zimt-Eis

2 EL gemahlener Mohn
2 EL grob gehackte Walnüsse (oder Haselnüsse oder Mandeln)
1 Stück zermuste Banane
1 Prise Salz
1 bis 2 EL Zimt
Saft von ½ Orange und ½ Zitrone
1 EL Vanillerum*
¼ l Cashewsahne*

Alle Zutaten fein mixen. In Portionsschälchen füllen und ins Gefrierfach stellen. Schmeckt halbgefroren besonders gut.

TIPPS

Im Winter mahle ich mir getrocknete Brennnesseln direkt am Tisch aus einer kleinen Pfeffermühle über Salat und Gemüse und hole mir mein Vitamin C zusätzlich aus Sauerkraut und Petersilie, zur Not getrocknet.

Aus Indien stammt, entgegen den üblichen Ernährungsempfehlungen, der Tipp, vor dem Essen und während des Essens zu trinken, auf keinen Fall nach dem Essen!

Denn – man höre und staune: Wer vor dem Essen trinkt, vor allem warmes Wasser, nimmt angeblich ab, wer nach dem Essen trinkt, nimmt zu . . . (Ich garantiere aber für nichts!)

Übernommen habe ich den indischen Brauch, nach der Mahlzeit ein paar Fenchel- oder Kümmelsamen zu knabbern. In Indien stehen diese häufig in kleinen Schälchen auf dem Tisch. Sie wirken verdauungsfördernd, ebenso wie Paprika, Pfeffer, Senf, Curry und Ingwer.

Wintermenü 2

Power-Salat
Piroggen auf Sellerie-Möhren-Mus
Maronicreme

WINTERMENÜ 2

Power-Salat
Piroggen auf Sellerie-Möhren-Mus
Maronicreme

Power-Salat

Dieser Power-Salat heizt auch an einem kalten Wintertag ordentlich ein!

Ich gebe keine Mengen an — Sie experimentieren einfach. Es muss immer wieder betont werden: Fantasie ist gefragt!

Endivien
Chicorée
Grapefruit
Oliven und Artischockenherzen (aus dem Glas in Öl eingelegt)
Apfel
Cashewsahne*
Senf (z. B. Kürbiskern-Feigen-Senf)
Knoblauch, Curry und Chili nach Geschmack
Walnüsse
Petersilie und Sprossen oder Keimlinge zum Drüberstreuen (z. B. Radieschenkeimlinge)

Salat hübsch anrichten.

Den **Apfel** in Spalten schneiden.

Cashewsahne, **Senf** und **Gewürze** verrühren, über den Salat gießen.

Walnüsse und **Petersilie** hacken.

Zusammen mit den **Sprossen** oder **Keimlingen** über den Salat streuen.

Piroggen auf Sellerie-Möhren-Mus

PIROGGEN

500 g Dinkelvollkornmehl
1 bis 2 EL Kichererbsenmehl
30 g Hefe
¼ l lauwarme Cashewmilch* oder lauwarmes Wasser
Kräutersalz
4 EL Öl
Öl zum Ausbacken

Mehl in eine Schüssel geben und eine Mulde hineindrücken.

Hefe hineinbröckeln und mit etwas lauwarmer **Cashewmilch** bzw. **Wasser** glatt rühren. Etwa 15 Minuten gehen lassen. **Kräutersalz** und **Öl** zugeben und alles zu einem glatten Teig verarbeiten. Den Teig noch mal etwa ½ bis 1 Stunde gehen lassen, bis er sein Volumen verdoppelt hat.

WINTERMENÜ 2

Power-Salat
Piroggen auf Sellerie-Möhren-Mus
Maronicreme

Golfballgroße **Bällchen** formen und daraus runde **Plätzchen** ausrollen (½ cm dick).

Darauf eine der unten beschriebenen **Füllungen** streichen, ein zweites **Plätzchen** obenauf legen, **Ränder** zusammendrücken.

Oder 1 rundes **Plätzchen** füllen und zusammenklappen.

Noch einmal 15 Minuten gehen lassen.

Dann in **Öl** knusprig backen.

Einfachere Variante:

Piroggen im vorgeheizten Ofen ca. 20 Minuten goldbraun backen. Schmeckt heiß oder kalt – besonders mit einem Klacks Mangopüree.

WINTERMENÜ 2

Power-Salat
Piroggen auf Sellerie-Möhren-Mus
Maronicreme

FÜLLUNGEN FÜR PIROGGEN

PILZFÜLLUNG

- 500 g Pilze (Steinpilze, Pfifferlinge, Champignons, Shiitake)
- 1 EL Olivenöl
- 1 Zwiebel
- Kräutersalz
- Pfeffer
- 2 EL Cashewsahne*
- Petersilie und Dill

Pilze in Scheiben schneiden und kurz im Öl braten.

Erst dann die fein gehackte **Zwiebel** zugeben und 5 Minuten weiterbraten. Mit **Salz** und **Pfeffer** abschmecken, die **Cashewsahne** und die fein gehackten **Kräuter** zugeben.

Den Tipp, zuerst die Pilze zu braten und erst dann die Zwiebel zuzugeben, habe ich von einem Schweizer Fernsehkoch. Dadurch erreicht man, dass beides wirklich gebraten und nicht gedünstet wird.

WEISSKOHLFÜLLUNG

- 375 g Weißkohl
- 1 bis 2 EL Olivenöl
- Kräutersalz und Pfeffer
- Schnittlauch und Dill

Weißkohl fein schneiden, mit kochendem Wasser überbrühen, ausdrücken. In dem **Öl** 10 bis 15 Minuten garen.

Mit **Salz**, **Pfeffer** und den fein gehackten **Kräutern** abschmecken.

Weitere Vorschläge für die Füllung:

- *mit etwas Cashewsahne* angemachtes Sauerkraut*
- *Lauch, in Cashewsahne* gedünstet und gehackt*
- *Spinat, gedünstet, mit Knoblauch und Muskat gewürzt, mit Flockenmix* bestreut*

SELLERIE-MÖHREN-MUS

- 1 große Zwiebel
- 600 g Sellerie
- 200 g Möhren
- ¼ l Gemüsebrühe
- 250 g Cashewsahne*
- Streuwürze*
- Pfeffer
- Muskat

Zwiebel, **Sellerie** und **Möhren** in Würfel schneiden.

In der **Brühe** gar dünsten und pürieren.

Cashewsahne mit einem Schneebesen unter das Püree ziehen und mit **Streuwürze**, **Pfeffer**, **Muskat** abschmecken.

WINTERMENÜ 2

Power-Salat
Piroggen auf Sellerie-Möhren-Mus
Maronicreme

Maronicreme

500 g Maroni (Kastanien)
1 TL Naturvanille
1 Banane
Saft von 1 Orange
1 EL Vanillerum*
100 g dick gemixte Cashewsahne*
(etwas zum Garnieren beiseite stellen)

Maroni kreuzweise einschneiden.

Die Maroni bei 250 °C auf einem nassen Blech ca. 20 Minuten backen, bis die Schale aufspringt (oder ca. 45 Minuten in reichlich Wasser kochen).

Die Schalen entfernen – dabei sollten die Maroni noch möglichst heiß sein. Mit den übrigen **Zutaten** pürieren und in Schälchen anrichten.

Mit einem Tupf **Cashewsahne** garnieren.

In den Wintermonaten findet man Biomaronen neuerdings in den Bioregalen der Supermärkte bereits vorgekocht und verzehrbereit. Das vereinfacht die Zubereitung wesentlich. Maronen wirken stark basenbildend und werden auch bei Zöliakie gut vertragen, da sie kein Gluten enthalten.

Für mich als »Schreibtischtäterin« die ideale Stärkung zwischendurch, wenn die Konzentration nachlässt.

Auch Hildegard von Bingen hat die Früchte, aber auch die ganze Kastanie hoch geschätzt: »Alles von diesem Baum ist nützlich gegen jede Schwäche, die im Menschen ist.«

Maroni waren im Mittelalter eine Volksspeise. Sie versorgen uns neben Fett und Eiweiß auch mit Kalzium, Schwefel, Magnesium, Phosphor, Kalium, Vitamin A und den Vitaminen B1, B2 und C.

Wintermenü 3

Lauwarmer Linsensalat

Grünkohl mit Rösti

Oma Minnas Bratäpfel mit Schokoladensoße

WINTERMENÜ 3

Lauwarmer Linsensalat
Grünkohl mit Rösti
Oma Minnas Bratäpfel mit Schokoladensoße

Lauwarmer Linsensalat

200 g Linsen

1 ½ l Gemüsebrühe

1 große Zwiebel

Obstessig

Salz

Pfeffer

½ Tasse Sonnenblumenöl

1 Prise Kreuzkümmel

Die **Linsen** in der **Brühe** weich kochen (wie lange, hängt von der Sorte ab, bitte die Packungsanweisung beachten). Es sollte keine Flüssigkeit übrig sein, sonst diese abgießen.

Die **Zwiebel** fein hacken, mit den übrigen Zutaten und den **Linsen** vermischen und den Linsensalat lauwarm servieren.

Grünkohl mit Rösti

Grünkohl ist ein tolles Wintergemüse. Reich an B-Vitaminen, Vitamin C, Kalzium, Kalium, Eisen, Mangan, Magnesium und Jod.

GRÜNKOHL

500 g Grünkohl

1 Zwiebel

2 bis 3 EL Olivenöl

Kräuter der Provence

Liebstöckel

ca. 100 ml Wasser

Knoblauch

1 Schuss Rotwein

Senf

Den **Grünkohl** klein hacken (den zarten Teil der Strünke lasse ich dran).

Die **Zwiebel** in Würfel schneiden. Im **Öl** mit den **Kräutern** andünsten.

WINTERMENÜ 3

Lauwarmer Linsensalat
Grünkohl mit Rösti
Oma Minnas Bratäpfel mit Schokoladensoße

Den **Grünkohl** zugeben. Mit **Wasser** ablöschen. Ca. 20 Minuten schmoren. Gehackten **Knoblauch**, **Rotwein** und **Senf** zugeben (ich mag es gerne scharf und nehme pro Person 1 Teelöffel scharfen Senf).

Weitere 10 Minuten schmoren.

Natürlich fallen weder er noch sie tot um, wenn sie mal ein veganes Würstchen zum Beispiel in den heißen Grünkohl schnippeln. Die mangelnde Vollwertigkeit des Würstchens dürfte wettgemacht werden durch den beglückenden Gedanken, dass für dieses Würstchen kein Tier leiden und sterben musste und, wie der Kabarettist Hagen Rether so treffend kundtut, dann auch noch in seine eigenen Gedärme gestopft wurde.

RÖSTI (es heißt tatsächlich die Rösti, auch in der Einzahl)

Pro Person 3 Pellkartoffeln vom Vortag

1 Zwiebel

Kräutersalz

Öl zum Rösten

evtl. Schnittlauchröllchen oder Petersilie

Kartoffeln mit der Schale reiben.

Zwiebel fein hacken und mit den **Kartoffeln** und dem **Kräutersalz** vermischen.

In der Pfanne reichlich **Öl** erhitzen.

Kartoffelmasse in die Pfanne geben und mit zwei Holzspateln so lange bearbeiten, bis sich Öl und Kartoffelmasse zur Rösti verbunden haben.

Dann flach drücken.

Ein paar Minuten knusprig braten, wenden und die andere Seite ebenfalls knusprig braten.

Dazu passen ein Klacks Apfel-Chutney oder meine besonders geliebten Mangoschnitze (aus frischen oder getrockneten eingeweichten Mangos).

Die Rösti allein können auch ein schnuckliges kleines Abendessen sein!

WINTERMENÜ 3

Lauwarmer Linsensalat
Grünkohl mit Rösti
Oma Minnas Bratäpfel mit Schokoladensoße

Oma Minnas Bratäpfel mit Schokoladensoße

BRATÄPFEL

4 Äpfel

1 EL Rosinen

1 EL gehackte Mandeln oder Nüsse

4 TL Fruchtmus (Erdbeer-, Himbeer-, Preiselbeer- oder Aprikosenmus)

1 TL Vanillerum*

Aus den **Äpfeln** das Kernhaus herausstechen.

Rosinen, **Mandeln** oder **Nüsse**, **Fruchtmus** und **Vanillerum** mischen und in die ausgehöhlten **Äpfel** füllen.

Äpfel in eine feuerfeste, geölte Form setzen und 45 Minuten bei 200 °C im vorgeheizten Ofen backen.

SCHOKOLADENSOSSE

Im Grunde eine verdünnte Mousse au Chocolat – nämlich mit Cashewmilch statt Cashewsahne, also:

250 g Cashewmilch*

Prise Salz

2 EL Kakao

½ bis 1 TL Zimt

Spritzer Zitronensaft

½ bis 1 zermuste Banane zum Süßen

Für die Schokoladensoße **Cashewmilch** mit **Salz**, **Kakao** (oder Carob), **Zimt**, **Zitronensaft** und der zermusten **Banane** verrühren.

Schmeckt absolut betörend!

Haben Sie das gewusst? Weine und Säfte, selbst in Bioqualität, werden überwiegend mit Gelatine geklärt! Ich dachte, der Mann mache einen Witz, als er im Laden nach veganem Wein fragte. Den gibt es tatsächlich.

Besonders verdient macht sich hier ein Weingut namens Gänz – auch die Jagd ist auf dem gesamten Gelände des Weinguts tabu. Bitte unterstützen! (Adresse im Anhang)

Sollte es noch andere Winzer geben, die ihre Weine vegan, also ohne Gelatine herstellen und auf ihrem Land die Zwangsbejagung für tabu erklären, bitte melden. Ich nehme sie in die Liste auf und mache in diesem Fall bewusst und gern Werbung (selbstverständlich ohne Honorar)!

Wintermenü 4

Sauerkrautsalat mit Radieschensprossen und Mungbohnenkeimlingen

Ofenkartoffeln mit gebackenem Gemüse

Feigen in Wein

WINTERMENÜ 4

Sauerkrautsalat mit Radieschensprossen und Mungbohnenkeimlingen
Ofenkartoffeln mit gebackenem Gemüse
Feigen in Wein

Sauerkrautsalat mit Radieschensprossen und Mungbohnenkeimlingen

4 EL Kürbiskernöl oder Leinöl
Sojasoße (Tamari)
100 g frisch geriebener Meerrettich
400 g milchsaures Sauerkraut
Radieschen- und Mungbohnenkeimlinge

Kürbiskernöl oder **Leinöl**, **Sojasoße** und **Meerrettich** verrühren und mit dem **Sauerkraut** vermengen.

Die **Keimlinge** drüberstreuen.

Ofenkartoffeln mit gebackenem Gemüse

Ich bin ein absoluter Kartoffelfreak. Bei Kartoffeln entwickle ich Suchtverhalten. Vielleicht, weil sie so viel Tryptophan enthalten, Vorstufe des Glückshormons Serotonin!

Pro Person 3 bis 4 mittlere Kartoffeln
Rote Bete
Salz oder Kräutersalz
Möhren
kleine Zwiebeln
Paprikaschoten
Tomaten
Pilze
Schnitze von Hokkaidokürbis

Kartoffeln sehr sauber bürsten, Augen, Schorfstellen o. Ä. entfernen, denn wir verspeisen die Kartoffeln ja mit der Schale.

Jede **Kartoffel** 1 x längs, 1 x quer einschneiden, damit sie in der Hitze willkürlich aufreißt.

Rote Bete ebenfalls gut bürsten.

Kartoffeln und **Rote Bete** (ebenfalls mit Schale) auf ein mit Backpapier versehenes Backblech legen, mit **Kräutersalz** bestreuen und im vorgeheizten Ofen bei 200 °C 45 bis 60 Minuten backen. Stricknadel-Garprobe machen!

Möhren, kleine **Zwiebeln**, **Paprikaschoten** kommen etwa nach der Hälfte der Garzeit dazu.

WINTERMENÜ 4

Sauerkrautsalat mit Radieschensprossen und Mungbohnenkeimlingen
Ofenkartoffeln mit gebackenem Gemüse
Feigen in Wein

Tomaten, **Pilze** und Schnitze von **Hokkaidokürbis** werden nur ganz kurz mitgebacken.

Mit Aioli, einem Meerrettichdip oder dieser interessanten rohen Shiitake-Walnuss-Soße servieren:

AIOLI

4 Knoblauchzehen pro Person (jawohl!)
Kräutersalz und Pfeffer
Saft von ½ Zitrone
ca. 12 EL Olivenöl

Knoblauchzehen durch die Presse drücken, salzen und pfeffern. Tropfenweise den **Zitronensaft** und dann unter ständigem Rühren das **Öl** zugießen.

MEERRETTICH-DIP

250 g **Cashewsahne*** mit geriebenem **Meerrettich** schaumig mixen.

ROHE SHIITAKE-WALNUSS-SOSSE

3 oder mehr Shiitakepilze
(kommt auf die Größe an)
5 bis 7 Walnüsse (oder mehr)
einige EL Olivenöl
Streuwürze
¼ Tasse Wasser

Alle Zutaten gut mixen.

Feigen in Wein

12 getrocknete Feigen
¼ l Weißwein oder Rotwein
abgeriebene Schale von 1 Zitrone
⅛ l Cashewsahne*
1 TL Naturvanille-Pulver
Walnüsse oder Haselnüsse zum Garnieren

Die **Feigen** vierteln, einige Stunden in dem **Wein** mit der **Zitronenschale** einweichen. In Gläser füllen.

Cashewsahne mit **Naturvanille-Pulver** mischen und je ein Sahnehäubchen auf die Feigen setzen.

Mit ganzen oder gehackten **Nüssen** verzieren.

Milchprodukte – ja oder nein?

Das ist eine der am häufigsten gestellten Fragen. Im Grunde ist die Milch von der Natur für den Säugling gedacht; die Muttermilch für das Menschenkind, die Kuhmilch für das Kälbchen, die Löwenmilch für das Löwenjunge und so weiter. Der Mensch ist das einzige Lebewesen, das sich einbildet, sein Leben lang Milchprodukte verzehren zu müssen, noch dazu Milch von einer anderen Art. Immer mehr Menschen sind heute gegen Milchprodukte allergisch. Folgen des Milchkonsums sind Störungen im Atmungs- und Bewegungsbereich, Gicht, Rheuma, Osteoporose oder andere Zivilisationskrankheiten.

Wintermenü 5

Currysuppe mit Mandeln

Chili sin carne

Dinkelpfannkuchen mit Obst

WINTERMENÜ 5

Currysuppe mit Mandeln
Chili sin carne
Dinkelpfannkuchen mit Obst

Currysuppe mit Mandeln

3 EL Weizenmehl
1 ½ l Cashewmilch*
1 EL Streuwürze*
1 Zwiebel
1 grüne Pfefferschote
2 EL Sonnenblumenöl
1 bis 1 ½ TL Kräutersalz
Pfeffer
Knoblauch
Curry
200 g Mandelblättchen
⅛ l Cashewsahne*

In der heißen Pfanne ohne Fett das **Mehl** kurz rösten, abkühlen lassen. Die **Cashewmilch** unter Rühren zugießen, **Streuwürze** zugeben, einige Minuten köcheln lassen.

Die klein geschnittene **Zwiebel** und die klein geschnittene **Pfefferschote** in dem **Öl** golden dünsten, an die Suppe geben.

Mit **Kräutersalz**, **Pfeffer**, **Knoblauch** und reichlich **Curry** abschmecken.

Die **Mandelblättchen** in der Pfanne ohne Fett rösten.

Cashewsahne, so gut es geht, aufschäumen und unter die Suppe ziehen.

Mandelblättchen drüberstreuen.

Chili sin carne

250 g rote Kidneybohnen
Salz
1 Lorbeerblatt
1 Tomate
1 Zwiebel
1 rote Paprikaschote
1 grüne Paprikaschote
2 Knoblauchzehen
4 EL Maiskörner
Olivenöl
¼ l Gemüsebrühe
Pfeffer
Chilipulver
Oregano
Zitronensaft

Bohnen über Nacht einweichen, dann in **Salzwasser** mit dem **Lorbeerblatt** gar kochen.

Tomate schälen, **Zwiebel** und **Paprika** schneiden, **Knoblauchzehen** hacken und samt **Maiskörnern** in reichlich **Olivenöl** bei schwacher Hitze bissfest dünsten.

Mit **Gemüsebrühe** aufgießen, gar kochen.

Mit den **Bohnen** mischen und mit **Salz**, **Pfeffer**, etwas **Chili**, **Oregano** und **Zitronensaft** abschmecken.

WINTERMENÜ 5

Currysuppe mit Mandeln
Chili sin carne
Dinkelpfannkuchen mit Obst

Dinkelpfannkuchen mit Obst

- **150 g Dinkel**
- **1 EL Sesam**
- **1 EL Kichererbsenmehl**
- **350 ml lauwarmes Wasser**
- **1 Prise Salz**
- **2 EL Mandelmus**
- **1 Apfel**
- **3 getrocknete Aprikosen oder Pflaumen**
- **Naturvanille-Pulver**
- **Zimtpulver**
- **Öl zum Backen**

Dinkel und **Sesam** zusammen fein mahlen, mit dem **Kichererbsenmehl**, warmem **Wasser**, **Salz** und **Mandelmus** zu einem Pfannkuchenteig rühren.

Er sollte mindestens 30 Minuten quellen.

Inzwischen das **Obst** (Aprikosen und Pflaumen vorher in Wasser einweichen) sehr klein schneiden und mit den **Gewürzen** in den Teig geben.

In einer Pfanne **Öl** erhitzen und bei mäßiger Hitzezufuhr kleine, dünne Pfannkuchen ausbacken.

Wintermenü 6

Kürbissuppe

Polenta in Salbeiöl mit Roter Bete

Mohnpielen

WINTERMENÜ 6

Kürbissuppe
Polenta in Salbeiöl mit Roter Bete
Mohnpielen

Kürbissuppe

- 1 kg Kürbis
- 3 EL Sonnenblumenöl
- frisch geriebener Ingwer nach Geschmack
- 1 l Gemüsebrühe
- Kräutersalz
- Pfeffer
- Muskatnuss
- ⅛ l Cashewsahne*
- Zitronensaft
- 2 EL geröstete Brotwürfel (Weizenvollkorn)

Kürbis schälen und in Würfel schneiden (Hokkaidokürbisse müssen nicht geschält, sondern können mit der Schale verzehrt werden).

In **Öl** mit dem **Ingwer** weich dünsten (10 Min.).

Mit **Gemüsebrühe** auffüllen.

Im Mixer pürieren oder ganz lassen.

Mit den **Gewürzen**, **Cashewsahne** und **Zitronensaft** abschmecken.

Mit den gerösteten **Brotwürfeln** servieren.

Wer möchte, kann Kürbiskernöl über die fertige Suppe träufeln und in der Pfanne ohne Fett geröstete Kürbiskerne drüberstreuen.

WINTERMENÜ 6

Kürbissuppe
Polenta in Salbeiöl mit Roter Bete
Mohnpielen

Polenta in Salbeiöl mit Roter Bete

- 400 g Maisgrieß
- ½ l Gemüsebrühe
- Kräutersalz
- geriebene Muskatnuss oder -blüte
- pro Person 1 bis 2 junge Rote Bete
- Kümmel
- 1 TL gestoßener Koriander
- Olivenöl
- Salbeiblätter nach Belieben
- Pfeffer aus der Mühle

Maisgrieß unter Rühren in die kochende **Gemüsebrühe** einrieseln und bei niedriger Hitze ca. 10 Minuten unter ständigem Rühren köcheln lassen (Vorsicht, brennt leicht an!).

Mit **Kräutersalz** und **Muskat** abschmecken und die Masse 3 bis 4 cm dick auf ein mit kaltem Wasser abgespültes Backblech streichen.

Die **Rote Bete** mit **Salz** und **Kümmel** kochen, abschrecken.

Wenn die Bete zart sind, mit der Schale in Stifte schneiden, sonst schälen.

Den zerstoßenen **Koriander** in 1 Esslöffel **Öl** dünsten, die **Rote Bete** darin erwärmen und noch einmal abschmecken.

Die abgekühlte **Polenta** in Quadrate, Rechtecke oder Rauten schneiden. Mit den **Salbeiblättern** im restlichen **Öl** goldgelb braten. Die **Salbeiblätter** dürfen nicht braun werden, sonst schmecken sie bitter.

Die gestiftelte **Rote Bete** scheiterhaufenartig neben die Polentaschnitten setzen, Pfeffermühle darüber drehen.

Variante:
Die Schnitten im Ofen mit **Flockenmix*** *überbacken.*

WINTERMENÜ 6

Kürbissuppe
Polenta in Salbeiöl mit Roter Bete
Mohnpielen

Mohnpielen – unvergessliches Silvesteressen meiner Kindheit

- **250 g gemahlener Mohn**
- **½ l Cashewmilch***
- **1 Prise Steinsalz**
- **½ zermuste Banane**
- **100 g Rosinen**
- **40 g gehackte Mandeln**
- **12 Vollkornzwiebäcke**

Gemahlenen **Mohn** in die Rührschüssel schütten.

Die Hälfte der **Cashewmilch** leicht salzen und mit der **Banane** mixen, im Kochtopf erwärmen und die Hälfte über den **Mohn** gießen.

Rosinen und **Mandeln** unterrühren.

Zwiebäcke in einer zweiten Schüssel zerbröseln, restliche **Cashewmilch** drübergießen.

In eine Glasschüssel immer abwechselnd eine Schicht **Zwiebackmasse** und eine Schicht **Mohnbrei** füllen; die oberste Schicht ist **Mohnbrei**.

Die Schüssel in den Kühlschrank stellen und die **Mohnpielen** gut durchziehen lassen.

Mit einem Klacks **Cashewsahne** servieren.

TIPP

Der Mensch neigt offenbar dazu, den eigenen Bewusstseinsstand für den einzig richtigen zu halten.

So liebt der Jäger seinen Hund, tötet und verspeist jedoch ohne Skrupel das Reh. »Tierschutz ja – aber Vegetarismus, das geht mir zu weit.«

Der frischgebackene Vegetarier argumentiert: »Mir kommt keine Tierleiche mehr auf den Teller! Aber Veganismus – das geht mir zu weit!«

Der Neuveganer: »Jeder, der noch einen Krümel tierlichen Käse verdrückt, ist für mich ein Mörder!«

Was ich mir wünsche: Schluss mit der Zankerei, wer es richtig und am besten macht. Dafür mehr Respekt voreinander und mehr Geduld miteinander!

»Sei du selbst die Veränderung, die du dir wünschst für diese Welt«, hat Mahatma Ghandi gesagt – einfacher ausgedrückt: Wer soll denn die Welt verändern, wenn nicht du und ich …

Und wieder kündigt sich der Frühling an, »lässt sein blaues Band wieder flattern durch die Lüfte«. Wir freuen uns auf den jungen Bärlauch, auf Spargel und Erdbeeren. Und fassen wieder so viele gute Vorsätze!

Ein Vorschlag (der aber kein »Schlag« sein soll!): Nicht zu viel vornehmen, auch mit sich selbst gnädig sein und mit allen, die noch nicht so weit sind, wie wir – zu sein glauben.

Drei Vegetarierinnen freuen sich des Lebens!
Anna Lang (102), Barabara Rütting (85) und Sophia Ruhland (lebt vegan, seit sie 13 Jahre alt ist)

Wichtige Adressen und weiterführende Literatur

ADRESSEN:

Albert-Schweitzer-Stiftung, Reinhardtstr. 3, 10117 Berlin

Gesellschaft für Gesundheitsberatung GGB e. V.,
Dr. Max-Otto-Bruker-Str. 3,
56112 Lahnstein

Peta e. V., Benzstr. 1, 70839 Gerlingen

Vegetarierbund Deutschland e. V., Genthiner Str. 48, 10785 Berlin

gänz | Ökologisches Weingut & Biohotel Bosenheimerstraße (außerhalb), 55546 Hackenheim

LITERATUR:

Dr. Ruediger Dahlke, »Peace Food«, München, 2011

Dr. Ruediger Dahlke, »Peace Food«, München, 2011

Rose-Marie Nöcker, »Das große Buch der Sprossen und Keime: mit vielen Rezepten«, München, 1992

Dr. Jürgen Weihofen, »Heilpilze Ling Zui, Shiitake & Co. schützen das Immunsystem«, Bonn, 2000 (derzeit nur im Antiquariat zu erhalten)

Rezeptverzeichnis

Aprikosenmus 49
Artischocken alla Romana 92 ff.
Avocadocreme 69

Bananen, gebraten in Kokosöl 104
Bananeneis auf Himbeerspiegel 74
Béchamelsoße 13
Birnen in Rotwein-Vanillerum-Marinade 111
Borschtsch mit Meerrettichschaum 102 f.
Brunnenkressesalat mit Himbeerdressing 56
Bunter Herbstsalat mit Kapuzinerkresse 98
Bunter Sommersalat 66

Cashewsahne 11
Chili sin carne 152
Crêpes mit blauen Weintrauben 99
Currysuppe mit Mandeln 152

Dinkelpfannkuchen mit Obst 153

Feigen in Wein 149
Fettuccine picante 43 f.

Gebratener Spargel mit Rucola und Walnüssen 48
Gefüllte Mangoldröllchen auf Kurkumasoße 121
Gefüllte Tomaten 78 f.
Gemüsestrudel auf Frankfurter Grüner Soße 26 ff.
Grünkernbrei 14
Grünkohl mit Rösti 142 f.

Hirsebrei 15
Hirse-Gemüse-Pfanne 83 f.
Hirsepudding auf Erdbeerspiegel 45
Hoummous auf Chicoréeblättern 108

Indianischer Liebestrank 125
Ingwertee 123

Kartoffel-Blumenkohl-Tomaten-Auflauf 111
Kartoffel-Gemüse-Krapfen mit Brokkolicreme 33
Kohlrouladen mit pikanter Füllung an Kapernsoße 98 f.
Kokoscreme 62
Kürbissuppe 156

Lauwarmer Linsensalat 142

Maiskugeln auf Spinat mit Möhren 114 f.
Mandelmus mit Datteln 22
Mangocreme 84
Marinierte Artischocken mit Möhren-Sellerie-Stiften 32
Maronicreme 139
Moccacreme 122
Mohn-Nuss-Zimt-Eis 132
Mohnparfait 57
Mohnpielen 158
Möhrensalat mit Früchten 48
Mousse au chocolat 95

Obstspießchen und Chilischote im Schokomantel 117
Ofenkartoffeln mit gebackenem Gemüse 148 f.
Oma Minnas Bratäpfel mit Schokoladensoße 144

Piroggen auf Sellerie-Möhren-Mus 136 ff.
Polenta in Salbeiöl mit Roter Bete 157
Polenta mit Zuckerschoten und Frühlingszwiebeln 61
Posteleinsalat mit Mungbohnenkeimlingen und Granatapfelkernen 120
Power-Salat 136

Quiche 72 ff.

Radieschenrohkost 78
Reisbrei 15
Rhabarbermousse 34
Roher Selleriesalat 102
Roher Spargel-Champignon-Salat 26
Roher Spinatsalat mit Knoblauch-Walnuss-Soße und gerösteten Pinienkernen 92
Rote Grütze mit Cashewsahne 80
Rucolasalat mit gebratenen Shiitakepilzen 42

Sauerampfersuppe 20
Sauerkrautsalat mit Radieschensprossen und Mungbohnenkeimlingen 148
Selleriescheiben im Sesammantel 56
Spinat-Champignon-Salat 72
Spinat-Hirse-Auflauf 38 f.
Spinatknödel und gestiftelte Möhren auf Selleriesoße 20 ff.
Spinat-Shiitake-Rucola-Salat 130
Suppenkoalition rot-grün 60

Tzatziki 83

Überbackene Zucchini mit Grilltomate und Weizenrisotto 68

Vanillecreme 39
Vollkornwaffeln 29

Waldorfsalat 114
Weihnachtsbraten mit Rotwein-Pflaumen-Soße 131 f.
Wildkräuter mit Bärlauchsoße 38

Die Autorin

Barbara Rütting, geboren am 21. November 1927 in einem kleinen Dorf in der Mark Brandenburg als erstes von fünf Kindern einer Lehrerfamilie.
Nach dem Krieg zuerst nach Flensburg verschlagen, dann nach Dänemark.
Jobbte als Putzfrau, Kellnerin, Fremdsprachenkorrespondentin, Komparsin.
Karriere als Schauspielerin, spielte fünfundvierzig Hauptrollen in internationalen Filmen, verkörperte auf der Bühne so gut wie alle neurotischen Heldinnen der Weltliteratur.
Zunehmend engagiert in der Friedensbewegung, in Ernährungs- und Tierschutzfragen. Beendete ihre Schauspielkarriere 1982.

Schrieb über zwanzig Bücher zu Gesundheits-, Tierschutz und Umweltfragen. Seit Beginn Mitglied bei den Grünen. Von 2003 bis 2009 Abgeordnete von Bündnis 90/Die Grünen im Bayerischen Landtag als Sprecherin für Ernährung, Verbraucher- und Tierschutz und zudem Alterspräsidentin. Legte 2009 vorzeitig aus Gesundheitsgründen und weil ihr die parlamentarische Arbeit zunehmend sinnlos erschien das Mandat nieder. Über diese Lebensphase berichtete sie in ihrem Buch »Wo bitte geht's ins Paradies?« 2012 erschien ihr Bestseller »Was mir immer wieder auf die Beine hilft«.
Lebt mit einem Hund und einem Kater in einem Dorf im Spessart und engagiert sich wieder verstärkt außerparlamentarisch.